ピエール・ブルデュー 監修

シリーズ la critique sociale
社会批判

ブルデュー

櫻本陽一 訳=解説

メディア批判

藤原書店

Pierre BOURDIEU
SUR LA TÉLÉVISION
suivi de L' Emprise du journalisme

suivi du texte intitulé Les Jeux Olympiques et de la postface de l'auteur

This book is published in Japan by arrangement with
l'Association Liber Éditions, Paris,
through les Éditions du Seuil, Paris,
and le Bureau des Copyrights Français, Tokyo.

シリーズ〈社会批判〉とは

監修者　ピエール・ブルデュー

シリーズ〈社会批判〉は現代の政治的・社会的問題についての最新の研究成果を一般市民に広く紹介することを目的としています。各巻を企画し執筆するのは社会学や歴史学、経済学の研究者、また作家や芸術家です。いずれも、民主主義社会において政治を考え行動するために不可欠の知識を普及したいという積極的な意欲に燃えている者たちです。コンパクトな本ですが内容は緻密で資料に裏付けられた議論を展開しています。また、いずれにも参考文献のリストが載っています。少しずつではあっても、やがては国際的な規模で、民衆のための百科全書的なシリーズになるであろうと期待しています。

ソ連と東欧諸国の社会体制と結び付いていた至福千年説的《ミレナリスト》な幻想は崩れ去りました。あちこちに残された巨大な真空にあらゆる形の蒙昧主義——非合理主義的ニヒリズム、教権主義的原理主義、民族主義的復古主義、政治的日和見主義など——がなだれ込みました。知識人としての役割を果たすことを断念していない人々は、かつて啓蒙主義時代の思想家たちが担っていた任務を、いまこそ引き継がなければなりません。芸術家、作家、科学研究者は専門の違いを越え国境を越えて抵抗し文化再建の計画を立てなければなりません。そのためにこそ、社会に関して、また知識人の使命と権力に関して、先人たちが作り出し維持してきたすべての幻想を批判しなければなりません。この現実主義は醒めたシニシズムとは無縁のものです。混迷の、しかし自由の時代、歴史によって神話的過去と幻想的未来が一掃された時代である今にこそふさわしい理性的ユートピア主義の基礎になりうるのは、まさにそのような現実主義なのです。非合理主義的な責任放棄を正当化するために、この世紀末を画した理性の敗北を理性への狂信のせいにする向きもありますが、そうであるからこそ、従来にもまして危険な賭けになるかもしれませんが、今こそ理性に賭けなければならないのです。

二〇〇〇年六月一五日

シリーズ
社会批判
la critique sociale

メディア批判

目次

目次

シリーズ la critique sociale
社会批判

メディア批判

凡例

一　（　）は原著者の付したもの及び、文脈の理解のために訳者が付したもの。

一　〔　〕は訳者による補足。

一　原文のイタリック体は傍点を付すか、字体を変えた。

一　原注、訳注は一括して巻末に収録した。

一　原著者が本文中で参照している論文、著作などのうち原注また訳注に言及のないものは、本書末の参照文献表に示されている。

はじめに(1)

　私は本書に収めた二回の講義をテレビ放送で行ないました。それは、コレージュ・ド・フランスでの私の通常の講義に出席する人々の範囲を超えて、より広範な人々に語りかけたいと考えたからです。テレビは、文化的生産の様々な領域（芸術、文学、科学、哲学、法律）を危険に晒している、と私は考えています。その様々なメカニズムを簡潔に（掘り下げた体系的な分析をするには、もっと多くの時間が必要です）描き出してみようと思います。私はまた（自分の仕事の責任を深く自覚しているジャーナリストたちが、おそらくは真剣に考え、言明していることに逆らうことになりますが）テレビは政治と民主主義を危険に晒している、とさえ考えています。この事は簡単に証明できるでしょう。最大多数の視聴者の獲得を追求するあまり、テレビ、そしてそれに追随する一部の新聞が、排外主義的で人種差別主義的な言動の扇動者をいかにもてはやし、扱っているかを分析すればよいのです。あるいは、テレビが、政治についての狭い考え方、ナショナリズム的とは言わないまでも一国的《ナショナル》な考え方に提供している場面が、日々どれほどであるかを示せばよいのです。私がフランスにしかない特殊な問題を誇張しているのではないかと疑念を持つ人に対しては、アメリカのテレビの数しれない病理の中からO・J・シンプソン裁判*1をメディアがどのように報道したかという例、あるいはより最近では、単なる殺人事件を「性犯罪」に仕立て上げてしまった例、そしてそれに伴って、コントロール不可能な法律的な結果までが連鎖的に生み出されてしまったことなどを挙げればよいでしょう。しかし、視聴率計算のための際限のない競争がもたらす危険の最も良い例は、おそらく最近トルコとギリシャの間でおこった一つの事件です。イミアという小さな無人島の帰属をめぐって、ギリシャのある民間テレビ局が動員の呼びかけをし、好戦的な宣言を出しました。他の民間テレビとラジオ、さらに日刊紙さえもが続いて、ナショナリズム的な妄想のエスカレーションの中にのめり込んでいったのです。視聴率計算のための競争という同じ論理に突き動かされて、トルコのテレビと新聞も闘いの中に入ってしまいました。ギリシャ軍の上陸、艦隊の移動と、戦争寸前の状況となりました。今日、トルコとギリシャだけでなく旧ユーゴスラヴィア、フランス、その他各国で見られる排外主義とナショナリズムの爆発の中で、おそらく、事態の本質的な新しさは、こうした原始的な感情を煽り立てるために、近代的なコミュニケーション手段を利用することが可能になっているということにあるのです。

今回のテレビを通じての講義を、私は一つの社会的行動として企画したのですが、自分で設定したこの目的を達成するためには、私は、全ての視聴者に理解してもらえるように話す必要がありました。単純化し、簡略化した説明にしばしば頼らざるをえなかったのはそのためです。私はまた、一番大切なもの、つまり言葉《ディスクール》を前面に出すことを考えました。そのため、プロデューサーとの合意の上で、通常テレビで行なわれていることとは違う（あるいはそれとは反対の）やり方を選びました。つまり、カメラワークなどによる形の工夫は一切避けました。また他の番組の一部を挿入したり、資料や統計などを例示することも止めました。貴重な時間が取られてしまいますし、立論し、論証することをめざしている私の話しの流れを乱すことになると考えたからです。その結果、一見ペダンティックで泥臭い、入門講義式のドグマティックな、いかにも講壇的な話しになってしまった可能性がありますが、通常のテレビ番組の作り方(私はまさにこれを分析の対象にしているのです)とのコントラストは、はじめから意図されていたものです。これこそが、分析的批判的な言説の自律性を主張する一つの方法であると考えたのです。しっかり組み立てられた言説は、次第にテレビから排除されてしまいました(アメリカでは政治討論番組での一回の発言は、七秒以内というのがルールになっているそうです)が、しかしそれこそが、情報操作に抵抗し、思考の自由を前進させる最も確かなやり方の一つなのです。

言説による批判――私にはこれ以外に方法はないのですが――の限界は十分自覚しています。それは窮余の策にすぎません。ジャン=リュック・ゴダールからピエール・カールにいたる映像作家たちが行なった映像による映像の批判(『万事快調』『ヒア&ゼア・こことよそ』『うまくいってる?』[*2])に比べると、無力で面白味もないその代用品でしかないのです。私が行なっていることは、「コミュニケーションの規範の独立性」のために闘う映像のプロフェッショナルたちの闘い、とりわけ映像についての批判的な反省の、その一環をなし、またそれらを補完するものなのだということを自覚しています。この映像についての批判的な反省ですが、ジョセフ・クラフトによる一枚の写真とその使われ方についてのゴダールによる分析が模範的な例となっています[*3]。むしろゴダールが提起している方針を採用してもよかったのです。「この仕事は、映像と音声を、そして両者の間の関係を政治的に（私からすれば社会学的に［ブルデューによる注］）問い始めることだった。〈これは正しい映像である〉などと言うのではなくて、〈これはただの映像だ〉と言うべきであった。〈これは馬に乗った「北」の将校である〉と言うのではなくて〈これは馬　頭と将校一人の映像である〉と言うべきだったのだ[*4]。」

過大な幻想は抱いてはいませんが、私の分析がジャーナリストとテレビに対する「攻撃」と受け取られることのないように願ってはいます。私はかつての「テレ・ソルボンヌ」のようなスタイルの教養番組に古臭いノスタルジーを感じているわけではありません。マイナスの面もありますが、たとえばある種のルポルタージュ番組によってテレビが果たしうる役割もあります。それに反発し、それを拒否することは退行的です。

ジャーナリズムの世界というのは、己れ自身に対して一見すると批判的な眼差しを注ぐのを好む傾向がありますから、私は、自分の分析がこの世界のナルシシズム的な自己満足を助長することになってしまうことを大変恐れています。しかし私は、直接民主主義のための素晴らしい道具となり得るはずのものが、象徴的抑圧の道具に変わってしまわないように、映像に関わる職業のただ中で闘っている全ての人々に手がかり、あるいは武器を提供することに貢献できることを願っているのです。

第Ⅰ部　スタジオとその舞台裏

私は、テレビというメディアを通して、テレビについてのいくつかの問いを投げかけてみたいと思います。テレビではたいしたことは言えない、とりわけテレビについては、と私は考えていますから、ちょっと逆説的なもくろみではあります。もし、テレビで何も言うことができないというのが正しいのであれば、最も著名な知識人、芸術家、作家の中の少なからぬ人々と同じく、テレビで発言することは控えるべきだと結論付けるべきかもしれません。

しかし私は、全か無か式の極端な二者択一にとらわれる必要はないと考えています。テレビに出演し自らの考えを述べることは重要であると考えています。しかしそれは、いくつかの条件のもとにおいて、です。今回のテレビ講義では、コレージュ・ド・フランス視聴覚制作部の配慮で、私はまったく例外的な条件を享受しています。第一に、私の持ち時間は制限されていません。第二に、テーマは押し付けられたものではありません。私は自由にテーマを決めました。今からテーマを変更することもできます。第三に、通常の番組の中でのように、技術上の問題とか、「視聴者には難しすぎる」とか、道徳やエチケット上の問題とかを持ち出して、私に指示を与える人は誰もいません。これはまったく特別な状況です。今はもうあまり流行らない言い方をすると、私は生産手段を自ら統御する立場にあることになりますが、これは今日では通常ありえないことだからです。私に提供されている条件が、まったく例外的なものであることを指摘することによって、私は、人がテレビに出演する時の通常の条件について、なにほどかをすでに述べています。

それが通常の条件であるなら、にもかかわらずなぜそれでも人がテレビ番組に出ることを承諾するのかと思う人もいるでしょう。これは大変重要な問題なのですが、ジャーナリストだけでなく、テレビに出ることを承諾する研究者、学者、作家のほとんどが、自分に対しては向けることのない問いです。このような、問わないということ自体を問うことが必要です。私の見るところでは、何かを言うことができるかどうか問うこともなく出演を承諾する人は、何かを言うために出演しているのではない、ということを我知らず告白しているのです。つまり、まったく別の理由から、他でもなく、自分を見せるため、見られるために、出演しているのです。「存在するとは、知覚されることだ」と一八世紀アイルランドの哲学者バークレーは言いました。今日のフランスの一部の哲学者（そして作家）にとって、存在するとは、テレビ画面で知覚されること、つまりはジャーナリストによって認知されること、ジャーナリストに「よく見られること」（そのためには、妥協やら馴れ合いやらを受入れなければなりません）なのです。確かに、自らの業績によって持続的な評価を得ることのできない人々にとっては、ブラウン管に可能な限り頻繁に現われる以外に、存在しつづける手段はないのです。そのために、彼らは、ジル・ドゥルーズが看破したようにテレビへの出演依頼を確保することを主要な機能にしている著作を、規則的なリズムでしかも可能な限り短いリズムで書くしかないのです。かくして、テレビ画面は今日、一種のナルシスの鏡、ナルシスティックな自己顕示の場になってしまっているのです。

前置きが長すぎると思われるかもしれません。しかし、芸術家、作家、学者がこの問題を明示的に、もし可能であれば集団的に問うことは望ましいことだと思います。そうすれば、テレビへの出演依頼を受けるべきか受けるべきでないか、受諾するとすれば条件を付けるかどうかといった選択を各人が孤立したまま迫られる事態が避けられるはずです。私は、これらの人々が、この問題を集団として取り上げて、専門性の高い番組であれ、一般向けの番組であれ、番組制作者側と交渉を開始し、ある種の協約を締結することを強く願っています（夢を見ることは常に可能です）。言うまでもないことですが、このことは番組制作者を糾弾するとか彼らと闘うということではありません。彼ら自身が、自分たちが押し付けることを強いられている拘束に、しばしば大変苦しんでいるのです。私の提案は、道具化の脅威に共同で打ち克つための手段を探す作業に彼らを加えることなのです。

テレビ出演を一切拒否するという頑強な姿勢には賛同できません。適切な条件の下でという条件付きではありますが、出演することが義務である場合もあると考えています。ところで、出演するしないを考えるためには、テレビという道具の特性を考慮に入れなければなりません。テレビとは、〔現実にはともかく〕理屈の上では全ての人に語りかける可能性を与える手段です。このことからいくつかの問いが発せられることになります。「自分が言うべきことは、全ての人に向けられたものであろうか」「私は、自分の話しを全ての人々が理解しうるものにするつもりがあるのか」「私の話しは、全ての人々に聞かれるに値するのか」。さらに言えば、「それは、全ての人々によって聞かれねばならないことなのか」という問いです。とりわけ、研究者、学者には、研究の成果を全ての人々に還元するという一つの使命――そしておそらく、それは社会についての科学にとっては特に重いものでしょう――があります。私たち研究者はフッサールの言葉ですが、自然界や社会について何ものかを発見するための「人類の公務員」なのであり、国によって給与を支払われています。[*5] それゆえ私たちが得たものを還元するということは、私たちの義務なのです。私は、出演を受諾するか断るかを、前提となる以上のような問いかけのふるいにかけるよう努めてきました。そして、私は、テレビに出るように求められた全ての人が、これらの問いを自分に問うことを願っています。あるいは、それらの人々が、これらの問いを――視聴者、つまりテレビを批評すべき人々が、番組を見るたびに問うことによって――自ら問わざるをえなくなっていくことを望んでいます。「この人は言うべきことがあるのだろうか」「この人は、言うべきことを言うことができる条件の下にいるのだろうか」「この人が言うことは、テレビで言われるに値することなのだろうか」。一言で言えば、「この人は何をしているのか」という問いです。

見えない検閲

本質的なことに戻りましょう。私は、テレビ出演の機会を持つことの代償は、大変な検閲であると述べました。まず、主題が押し付けられることによる自律性の喪失があります。コミュニケーションの条件が押し付けられるのです。とりわけ、持ち時間の制約のために、ほとんど何も語ることができないほどの拘束が課されるのです。ゲストだけでなくそれを押し付ける側のジャーナリストたちの上にも働いているこの検閲は、政治的な検閲であると、私が言うに違いないと思われるかもしれません。確かに、（とりわけ首脳人事の任命を通じて作用する）政治的な介入、政治的な統制があります。また、今日のようにテレビやラジオに関わる職業で、失業者が労働予備軍をなし、雇用の大変な不安定がある時期には、政治的な大勢順応主義《コンフォーミズム》へ追いやられる傾向が、それだけ大きくなることも確かです。人々は、意識するにせよしないにせよ、自己検閲のために命令されなくとも自ら順応するのです。

経済的な検閲についても考えられます。確かに、テレビの上に課されているのは、最終的には、経済的な拘束であると言えましょう。そうはいっても、テレビで何が行なわれるのかを決めるのは、その所有者、広告料を払うスポンサー、補助金を交付する国だというのでは不十分です。あるテレビ局について、オーナーの名前、それぞれのスポンサーからの広告料が予算に占める割合、補助金の金額を知るだけでは、たいしたことはわかりません。このことを忘れないよう注意することは重要です。NBC[*6]は、ジェネラル・エレクトリックの所有物であり（この事が意味することは……もしNBCが原子力発電所の周辺住民に思い切ってインタヴューをしたら、何が起こるかは想像に難くありません……だからこんなことは誰の頭にも思い浮かばないのです）、ＣＢＳは、ウェスティングハウスの所有物であり、ＡＢＣはディズニーの所有物であり、ＴＦ１は、ブイッグ[*7]の所有物であることを知ることは重要です。これは、一連の過程を通じて重大な結果をもたらします。ＴＦ１を傘下にしているブイッグに対しては、政府が行なわないことがあるということは明らかです。ここにあるのは、あまりに低級で卑劣な物事なので、最も初歩的な批判でさえそれらを認識することはできます。しかし、そこには、匿名の見えない仕組みが隠されています。そのメカニズムを通じてあらゆる次元の検閲が作用し、テレビを象徴秩序の維持のためのとてつもない道具にしているのです。

ここで、ちょっと補足が必要です。社会学的な分析は、しばしば一つの誤解にぶつかります。分析対象の中に含まれてしまっている人々（この場合は、ジャーナリストたち）は、記述の作業、仕組みを明るみに出すという作業を、人物に向けられた告発の作業、あるいはいわゆる攻撃、個人攻撃、人身攻撃であると考える傾向があります。（そうはいうものの、社会学者は、ジャーナリストにインタヴューをしてジャーナリスト自身から聞いたこと――例えば、内輪話であるとか、まさにピッタリの言い方ですが、番組でのやらせについてです

――の十分の一を、自分の研究の中で述べたり、書いたりしているだけです。それだけで社会学者の研究は、その当のジャーナリストから、偏向していて客観性が欠如しているジャーナリズムに対する攻撃だと批難されてしまうのです。）人々は、対象として取り上げられること、客観化されることを決して好みません。この点では、ジャーナリストは他の全ての人々以上です。ジャーナリストは狙われ、さらしものにされるように感じるのです。実際には、私たちが一つの世界の分析をより進めれば進めるほど、個人を責任から解き放ち――これは、その世界で起こっているあらゆることを正当化するということを意味しません――私たちは、その世界がどう働いているのかをよりよく理解し、そこに属している人々が操る側であるのと同じ程度に操られてもいるということをより理解できるようになるのです。ジャーナリストは、自分自身がより操られ、しかも操られていることに無自覚であればあるほど、たいてい、自分自身がそれだけ操る側になるのです。私が述べることは、いずれにしても、批難であると思われてしまうでしょうが、私は分析のこの意義を強調します。反発は、分析に対して身を守るやり方でもあるのです。私は、なにがしというキャスターの所業や悪行、何人かのプロデューサーの法外な給料等のスキャンダルの告発は、個人の腐敗の告発によって構造的な腐敗を隠してしまうという意味で、本質的なことから目をそらさせるのに役立っていると思います。構造的な腐敗は、市場のシェアを目指しての競争等、これから私が分析するメカニズムを通じてゲームの全体に作用しています（しかしこれ以上腐敗という言葉を使う必要はないでしょう）。

　したがって、私は、テレビにとりわけ有害な形で**象徴暴力**[*8]を行使させている一連のメカニズムを解きほぐしてみることにします。象徴暴力というのは、それを行使している人と被っている人の双方が、自分がそれを行使していることあるいは自分がそれを被っていることを意識化していないという意味で、それを被る人々の間にその作用の前提の明示化されない共有があるがゆえに、またほとんどの場合は、その前提がそれを行使している人々の間にも共有されているがゆえに、それゆえに作用する暴力です。社会学というのは、あらゆる科学と同様、隠されているものを明るみに出すという機能があります。そうすることで、社会学は、社会的な諸関係、とりわけメディアを介したコミュニケーションの関係において作用する象徴暴力を最小化するのに寄与することができるのです。

　最も分かり易い例を挙げましょう。「三面記事」的な雑事件です。センセーショナルな新聞が常に最も好む獲物です。血とセックス、惨劇と犯罪は、売り上げを伸ばします。視聴率計算の支配力によって、これらの材料は一面トップ、テレビのトップ・ニュースにされます。これらの雑事件は、堅い新聞という模範の体面を守ろうという配慮によって、以前は、無視され退けられてきたものです。しかし、雑事件《フェ・ディヴェール》というのは、気を紛らわせる《ディヴェルジオン》ものでもあります。魔術師の基本的な心得には、自分がやっているのとは別のことに人々の注意をひきつけるというものがあります。例えば、テレビが、ニュースについて象徴レベルで行なっていることは、ある意味では、誰もが興味を持つような性質の事実に注意を引きつけるということです。そういう事実は、万人向けということでオムニバス〔各駅停車〕とでもいえるでしょう。万人向けの事実というのは、いわゆる誰の気にも触らない事実、争点のない事実、対立を起こさない、コンセンサスを生む事実です。重要なことには何も触れないようなやり方で、万人の興味を引く事実です。雑事件は、ニュースの最も基本的で単純な材料ですが、それは重大な結果をもたらすことなく万人の興味を引きつけ、時間というもの、他のことを言うために使えるはずの時間を取ってしまうという意味において、大変重大なものです。ところが、時間というのはテレビでは、このうえもなく希少な資源です。そして、これほどまでに貴重な何分間かの時間を、これほどまでに取るに足らないことを言うのに使ってしまうのは、これらの取るに足らないことが、実は、それが貴重なことを隠してしまっているという意味では、大変重要な働きをしているからです。私はこの点を強調します。世間では、大変大きな割合の人々が新聞をまったく読みません。彼らは、唯一の情報源としてのテレビに身も心もささげてしまっています。テレビは、きわめて多くの人々の脳細胞の形成に、事実上一種の独占的な力を持っています。ところが、テレビは、雑事件に重点を置いて、この貴重な時間を空白、無あるいはほとんど無に近いものによって埋めてしまっているがゆえに、市民が自らの民主的な権利を行使するために持っていなければならないはずの適正な情報を排除してしまっているのです。このために、私たちは、情報に関しての分断、いわゆる堅い新聞——テレビとの競争を強いられることによって今後も堅くあり続けるなどということがあるとしての話しですが——を読む人々、国際的な雑誌や外国語のラジオ放送に触れることのできる人々と、他方で、政治的な知識としてテレビによって得られた情報、つまりほとんど無に等しいものしか持っていない人々の間の分断に陥っています。(テレビの情報以外には、顔の見える人々や、その表情・表現から直接得られる知識の与える情報があります。これらは、文化的には最も恵まれない人々でも読み解くことができるものであり、それは、彼らが政治家たちの多くに対して距離を取ることを可能にするのに少なからず貢献しています。）

見せることによって隠す

私は、最もよく見えるものに重点を置いてきました。少しだけ見えにくいもののほうへ行ってみましょう。これから示すことは、いかにして、テレビは、見せながら逆説的に隠すのかということです。テレビは、隠しています。それが行なっているとされていること――つまり情報を与えること――をするためには見せなければならないはずのものとは違うものを見せることによって隠しているのです。あるいは見せるべきことを見せるとしても、人々がそれを見ないようなやり方で、あるいは現に見せているものが意味を持たないようなやり方で見せることによって、隠してしまうのです。あるいは、見せているものが現実とはまったくかけ離れた意味を帯びるように構成することによって、かえって隠してしまうのです。

この点について、パトリック・シャンパーニュの仕事から借りた二つの例を取り上げましょう。『世界の悲惨』[*9]の中で、パトリック・シャンパーニュは、「郊外」の実態と称されるものについてメディアが作り出すイメージを扱った一章を担当しています。ジャーナリストという職《メチエ》に内在する傾向――つまり彼らなりの世界の見方、彼ら自身が職業的養成過程で身につけた素養、彼らの性向に内在する傾向、そしてさらにはジャーナリズムという職業の論理に従って、ジャーナリストは、郊外での生活という特定の現実の中から、ある一つの側面を選び出します。しかしそれは、ジャーナリストたちに固有の知覚カテゴリーに対応した、現実のまったく特殊な面なのです。カテゴリーという考え方――つまり人が知覚するものを組織化し、人が何を見、何を見ないのかを決定する不可視の構造――を説明するために、教師は、眼鏡の喩えをよく使います。カテゴリーは、私たちの受けた教育、歴史等の産物です。ジャーナリストは、特別の眼鏡を持っています。そしてそれを通して、あるものを見て他のものは見ないのです。つまり、目に入るものをある特定の在り方で見ているのです。彼らは、選別をし、選別によって選び出されたものを構成するのです。

選別の原理は、センセーショナルなもの、人目を引くものを探すことです。テレビは、二重の意味でドラマ化に訴えます。テレビは、一つの出来事を演出し、「絵」にします。同時に、ことの重大さ、深刻さ、悲劇的《ドラマティック》で悲惨な特徴を誇張します。郊外について、興味を引くのは暴動です。暴動というのはすでに大袈裟な言い方です……

（映像ばかりでなく、言葉についても、ジャーナリストは同じことをします。普通の言葉では、「ブルジョア」も「庶民」も驚かないからです。普通でない言葉が必要なのです。実は映像の世界は、逆説的なことに、言葉によって支配されています。写真は、そこから何を読み取るべきか（読むべきこと）を告げるキャプションがなければ何の意味もありません。つまり、キャプション《レジャンド》は、たいていの場合、どんなことでも見せてしまう神話《レジャンド》でもあるのです。周知のように、名付けるということは、見えるようにすること、創造すること、存在するようにさせることです。ですから、言葉は猛威を振るうことができるのです。例えば、イスラム、イスラムの《イスラミック》、イスラム主義の《イスラミスト》、という語を並べます――スカーフは、イスラミックなものなのでしょうか、イスラミストなものなのでしょうか。しかし、それはただのショールで、それ以上のものではないとしたら、こういう言葉はいったい何なのでしょうか。[*10] ニュースキャスターの使う言葉の一言一言を取り上げたくなります。彼らは、しばしば、お気楽にしゃべっていますが、何千何万のテレビ視聴者の前で、自分が口にしていることの難しさや重大さ、それを口にすることによって負うことになる責任を少しも自覚していないのです。彼らは、自分が口にしていることを理解していないし自分たちがそれを理解していないということを理解していないのです。それらの言葉は物事を作り上げます、幻想《ファンタスム》の産物、恐怖、嫌悪、何よりも物事の誤ったイメージを創り出すのです。）

ジャーナリストというのは、おおむね、例外的なもの、彼らにとって例外的なものに関心を持ちます。他の人々にとっては、ありふれているものでも彼らにとっては例外的なものでありえます。逆もありえます。彼らは、ありふれていないもの、ありふれたものと断絶したもの、日常的でないものに関心を持ちます。日刊紙《コティディアン》は、日常的でないものを日常的《コティディエヌマン》に〔＝日刊で〕提供しなければなりません。これは易しいことではありません……。それゆえに新聞は、ありふれたありふれていないもの、つまり通常人々が思い浮かべるもの、火事、洪水、殺人、雑事件に、紙面を割くことになるのです。しかし、ありふれていないものというのは、他紙に対してありふれていないものという意味もあり、とりわけこの意味でそうなのです。これは、ありふれているものとは違うということであり、他紙がありふれたことについて言っていること、あるいは普通に言っていることとは違うということなのです。これは、ひどい拘束です。スクープ競争が強いる拘束です。自分が何かを最初に見て、それを最初に見せるために、ジャーナリストは、ほとんどどんなことにでも飛びつきます。他者を出し抜き、他者より前を行こうとし、あるいは他者と違うことをしようとして、互いが互いの真似をして、結局はみんなが同じこと、独占報道の追求を行なっています。競争は、他の領域では、独自性、異色なものを生み出すのですが、ジャーナリズムにおいては、画一性と凡庸さをもたらすのです。

このように、利害に捕らわれ、躍起になってありふれていないものを捜し求めることは、政治的な直接の指示、あるいは所を追われることを恐れての自己検閲と変らぬ重大な政治的影響をもたらします。テレビ映像という例外的な力を自由にすることができるジャーナリストは、他に類のない影響力をもっています。郊外の一都市の日常的光景、変化のない灰色の風景では、誰もひきつけません、誰も関心を持ちません、他の誰にもましてジャーナリストには興味のないことです。しかし、郊外で本当に起こっていることにジャーナリストが関心を持つなどということがあるのでしょうか、それらを本当に見せたいと思うことがあるのでしょうか――もしそんなことがあったとしても、いずれにしろ、それは極めて難しいことです。ありきたりのものの中に現実を深く感じ取らせること以上に難しいことはありません。（フロベールは、「平凡なものをうまく描かなければならない」と好んで言いました。これは、社会学者が突き当たる問題です。ありふれているものをあたりまえでないようにする、ありふれたものがどれほどあたりまえではないのかを人々に理解させることが問題なのです。）

文芸批評家が現実効果と呼ぶものを生み出すというのが映像の特質ですが、ここから、テレビの通常の使い方では避けがたい政治的危険性が生じます。映像は、見えるようにさせることができ、それが見えるようにさせているものを信じさせることができます。喚起という この力は動員の効果を持ちます。映像は、観念やイメージだけでなく集団を存在させることができるのです。雑事件、日常的な事件や事故は、政治的、人種的な様々の含意を負っており、人種差別、排外主義、外国人への恐怖と憎悪のような、しばしば、マイナスの、強い感情を引き起こします。単なる報告、報告をするという事実、それを録画するということ、それについてリポートするということには、現実を社会的に構築するということを常に含んでいます。それは動員（あるいは動員解除）という社会的な効果を及ぼすことができるのです。

パトリック・シャンパーニュからもう一つ例を借りましょう。一九八六年のリセの生徒〔高校生〕のストライキです。そこではジャーナリストが、自分たちの関心(何が彼らの関心を引くかということです)、自分たちの先入見、知覚と評価のカテゴリー、無意識の期待等に従うことによって、悪意もなく、まったく無邪気に、いかに現実効果を生み出してしまうのかを見ることができます。現実の中における効果、誰が望んだわけでもない効果、ある場合には破滅的なものとなる可能性のある効果をです。ジャーナリストの頭には、一九六八年五月があり、「新たな六八年」を逃してはならないという恐れがありました。それほど政治化しているわけでなく何をしゃべったらいいのかあまりわかってはいない若者たちがいます。そうすると、人々は、(おそらくはその中の最も政治化した者たちの中から)スポークス・マンを呼び出します。そしてその言うことを真に受け、スポークス・マンたちも自分たちを重要だと思うのです。そして、記録の手段ということになっているテレビは、いつのまにか現実を作り出す手段になるのです。私たちが住む世界では、ますます社会が、テレビが描き出す通りになってしまうようになっています。テレビは、社会的政治的に存在するための判定者になっています。今日もし私が五〇歳で年金生活に入る権利を獲得したいと望んでいるとしましょう。何年か前ならば、私は単にデモをしたことでしょう。プラカードを持って、行進し、国民教育省〔文部省〕へ向かいます。私はほとんど誇張していないのですが、今日では、有能なコミュニケーション・コンサルタントが一人必要です。メディア向けに、彼らをはっとさせる手を打ちます。例えば、仮装や、仮面等です。そしてテレビを通じて、五万人のデモに劣らぬ大きな効果を得るのです。

日常的なコミュニケーションの規模であろうと地球的な規模であろうと、政治的な闘争の焦点の一つは、世界の見方の原理、つまり、人々が世界を（若者と老人、外国人とフランス人等）何かに分けて見る際に用いる眼鏡を押しつける力なのです。このような分け方を押しつけることによって、人々は動員の単位となる集団を形成します。それによって、集団は、自分たちが存在するということを信じさせ、圧力を掛け、利益を得ることができるのです。これらの闘争において、テレビは今日、決定的な役割を演じています。テレビへの対応をまったくせずにただデモをすればいいと、未だに考えている人々は、勝負に負けてしまう危険があります。ますます、テレビ向けのデモを創り出す必要があるのです。つまりテレビ関係者の知覚カテゴリーがどんなものなのかを考慮して彼らの関心を引くようなデモをするのです。そうすれば、それは中継され、それによって増幅されて十分な効果を得ることができます。

情報の循環的流通

今までのところ、私は、以上のようなすべての過程の主体が、抽象的一般的な意味でのジャーナリストであるかのように語ってきました。しかし、そのような抽象的な単位としてのジャーナリストは存在しません。存在するのは、性、年齢、教育水準、所属する新聞・雑誌、携わる「媒体」の種類の点で多様なジャーナリストです。ジャーナリストの世界というのは、分裂している世界であり、争い、競争、敵対が存在します。そうはいっても、私の分析が真実であるということは動きません。なぜなら、ジャーナリストの生産するものは、通常考えられている以上に画一的なものだと、思われるからです。右や左といった新聞の政治的な色分けに結びついた、最も目に付き易い違い（付け加えなければなりませんが、これらの色分けは、ますます脱色されつつあります）は、根本的な面での類似を隠してしまっています。取材源と一連の仕組み——その中で最も重要なものは競争の論理ですが——によって課せられる拘束に結びついた一致点です。リベラリズム的な信仰に基いて、独占は画一化し、競争は多様化すると、よく言われます。もちろん、私は競争に反対しているのではさらさらありません。私は、すべて同じ拘束、同じ世論調査、同じ広告主に従属しているがゆえに、ジャーナリストの間あるいは報道機関の間で作用する競争は、画一化すると述べているだけです(ジャーナリストたちが、ある報道機関から別の報道機関へ、どれほど簡単に移ることができるのかを見れば十分です)。フランスの週刊誌の表紙を二週間ごとに比べて見てください。ほとんど同じ見出しです。それと同様に、大手ネットワークのテレビやラジオの報道番組の中では、最も良い場合でもというか最悪なことにというべきか、情報の順番が変わるだけです。

このことは、一つには制作が集団的であるということから生じています。例えば、映画では、作品は一群の人々の手になり、クレジットタイトルがその人々について教えてくれます。ところが、番組制作者の集団だけが、テレビのメッセージを生産する人々の全体であると考えたのでは不十分です。それはジャーナリストの全体を含んでいます。人は、いつもお定まりの質問をします。「それにしても、誰が語られている言葉の主体なのか」と。人が、本当の意味で自分が口にしていることの主体であるかどうかは、決して定かではありません……。私たちが言っていることは、私たちが思っているほどには、独自なものではありません。そして、このことは、集団的な拘束、特に競争という拘束が――各生産者が、もし他者がいなければしないようなことをすること、例えば他者を出し抜くためにすること等を助長するという意味で――大変強い世界では、とりわけよく当てはまります。ジャーナリスト以上に、たくさんの新聞を読む人はいません。いいかえると、ジャーナリストたちは、あらゆる人々があらゆる新聞を読んでいると考える傾向があります。（彼らはまず第一に、多くの人はまったく新聞を読まないということ、さらに、新聞を読む人もそのうち一つだけを読んでいるということを忘れています。職業にでもしていない限り、同じ日に、『ル・モンド』、『ル・フィガロ』、『リベラシオン』を読むということはそうあることではありません。）ジャーナリストにとっては、新聞を読むことは、不可欠の仕事で、記事のレヴューは仕事の手だてです。だから、ある人がこれから何を言うかを知るには、他の人が既に言ったことを知ればよいのです。これが、私たちに提供される生産物に、画一性をもたらしている仕組みの一つです。『リベラシオン』がある事件を一面トップにします。『ル・モンド』も無関心でいることはできません——一線を画し、高級で堅いという評判を守るために、ちょっと差をつけることが（もし、相手がＴＦ１ならなおさらですが）あるにしてもです。しかし、多くのジャーナリストが、主観的にはあれほどの重要性を与えているこの小さな差異は、膨大な一致点を隠蔽しています。編集会議では、他紙についての話題、とりわけ「よそがやっていて自分たちがやらなかったこと」（「逃した！」）について話すのに、かなりの時間が費やされます。そして、議論の余地なく、自分たちもやるべきだったということになるのです。まさに他の人たちがやったがゆえにです。これは、文学、芸術、あるいは映画批評の領域で、おそらくいっそうはっきり見て取れます。もし、Ｘが『リベラシオン』で一冊の本について語ったならば、Ｙも『ル・モンド』あるいは『ヌーヴェル・オプセルヴァトゥール』でそれについて語らなければなりません、たとえその本がまったく無価値であるとか重要ではないと思ったとしてもです。あるいは、逆もありえます。メディアでの成功——しばしば販売での成功も相関する（常にではありません）——は、このようにして出来上がるのです。

互いに反射する合わせ鏡のようなこのゲームは、恐ろしい囲い込みの効果、精神的な自己閉塞を生み出します。ジャーナリストが相互に読み合うことの効果は、どの聞き取り調査によっても確かめられています。もう一つ例を挙げましょう。正午のテレビニュースの番組を作るためには、前の晩の二〇時のニュースと朝刊の項目を見ていなければなりません。夜のニュースの項目を作るためには、朝の新聞を読んでいなければなりません。これは、ジャーナリストという職業に不可欠な暗黙の要請なのです。これは、時流に乗り遅れないためであると同時に他と差を付けるためでもあるのです。そしてその差というのは、しばしばまったく些細なもので、ジャーナリストは幻想的にそれを重視していますが、視聴者にはまったく知覚されないものです。（これは、界[*11]のとりわけ典型的な効果です。人々は、自分が競合者を参照してやっていることを、顧客の欲求によりよく応えるためにやっているのだと信じているのです。）例えば、ジャーナリストは「ＴＦ１を出し抜いた」と言います。この言い方で、彼らは互いに競合関係にあり、彼らの努力は主として小さな差異を生み出すことを狙うものだということを語っています。これは、自分たちは狙いがちょっと違うと言っているのです。「連中は、音がなかった、自分たちはあった」等です。平均的な視聴者にはまったくわからない差異、複数のチャンネルを同時に見でもしない限り視聴者が気づきようのない差異、それゆえまったく気づかれないで終ってしまう差異が、生産者の視点からすると大変重要なのです。というのは、彼らはそれらが知覚されれば視聴率計算での成功に貢献すると考えているからです。視聴率計算は、テレビの世界の隠れた神であり、ジャーナリストたちの意識を支配しています。視聴率を一ポイント失うことは、場合によっては、直截に言って死を意味します。これは、番組の内容とその想定される効果の関係についての（誤った）一つの方程式でしかありません。

テレビで行なわれる選択というのは、ある意味で主体なき選択です。おそらくちょっと極端なこの命題を説明するために、先に手短に言及した情報の循環的な流通の仕組みの生み出す効果を挙げましょう。ジャーナリストというのは、結局は、活動の条件だけでなく出自と職業的養成過程まで、極めて多くの共通の特質を持っているので、お互いのものをお互いに読み、会って話しをし、いつも同じ人間しか出てこない討論の中で、意見の一致を見るのです。これは、閉じた空間を作る効果、そして、検閲の効果を持っています。この検閲は、中央集権的な官僚機構による検閲、はっきりした政治的介入による検閲と同じように、あるいはそれ以上に強力なものであると指摘するのにためらう必要はないでしょう。

（プログラムされていない情報、例えば、アルジェリアの状況について、フランスにおける外国人の地位について等の情報を一般公衆に向けて発信するために、その中に入っていこうと試みさえすれば、情報のこの悪しき循環の生み出す閉鎖する力を、十分思い知ることができます。記者会見や新聞向けの声明の発表等は何の役にも立ちません。分析は退屈だと考えられるので、売れ線の有名人の署名があるのでない限り、それを新聞一紙に載せることさえできません。悪しき循環を打ち破るためには、無理やりの侵入に訴えるしかありません。しかし、無理やりの侵入というのは、メディアティックなものとしてしかありえません。報道機関《メディア》総体の関心を引き付ける、あるいは少なくとも一つの報道機関《メディウム》の関心を引きつけることによって、メディアの間の競争の効果を生み出すことができるように「ハッとさせる手」を打つ必要があるのです。）

　ちょっとナイーブに見えるかもしれない問いですが、私たちに情報を伝えるこの人たちはどのようにして情報を得ているのでしょうか。彼らは、おおむね情報を流している他の人たちから情報を得ています。もちろん、フランス通信社（ＡＦＰ）があり、その他の通信社があり、当局（官庁や警察）筋からの情報があります。当局筋とは、ジャーナリストたちは大変複雑なコミュニケーションの関係を維持しなければなりません。しかし、情報の最も決定的な部分、つまり何が重要で何が伝えられるに値するのかを決定するという、情報についての情報は、そのかなりの部分が、情報を流している他の人たちから来ています。そして、これは、一種の平準化、重要度の序列付けに関する画一化に行きつきます。私は、ある番組ディレクターに対する聞き取りを思い出します。彼は、完全な自明性の中に生きていました。私は彼に質問しました。「あなたはなぜ、あるニュースを初めに持ってきて別のニュースを二番目に持ってくるのですか」と。彼は応えました。「当たり前じゃないですか。」まさにだからこそ、彼は、おそらく現に彼がいる地位を占めていたのです。つまり、彼の知覚のカテゴリーが、彼の地位の客観的な要請に適合しているからです。(私は、彼が話すのを聞きながら、ゴダールが「ヴェルヌイユもFR3のプロデューサーに比べれば、ジプシーだ。もちろん、比較の上での話しだが」[*12]と言うのを、思い浮かべました。)もちろん、ジャーナリズムにおける自明のものを、個々のジャーナリストたちが自明と考える程度は、ジャーナリズムの世界での彼らの様々に異なる位置によって異なります。視聴率計算を体現している責任ある地位にある人々が持っている「当たり前」の感覚は、事情の分からない、末端のフリーのジャーナリストには、必ずしも共有されているわけではありません。そういうジャーナリストは、テーマを一つ提案して、「そんなものはまったく意味がない」と言われてしまうのです。この世界を、均一なものとして表象することはできません。末端の者、若い者、反抗的な者、うるさい者たちは、絶望的に闘っています。彼らは、視聴率計算という拘束に従っているという共通点――このことを忘れてはなりません――を持つ人々の間の、堂々巡りに循環する情報の（悪しき）流通によって押し付けられている、均質で途方もないこのとらえどころのなさの中に、僅かな差異を持ち込もうとしています。しかし、幹部たちは、視聴率計算の手先でしかありえません。

視聴率計算というのは、視聴者の割合を計る手段であり、様々なテレビ局が利用しています。（現在では、いくつかのテレビ局には、視聴率を一五分ごとに測定する装置がありまず。最近導入された改良によって、階層・職業等主要な社会的カテゴリーごとの変化を測定できるようになりました。）したがって、誰が何を見ていて何を見ていないのかについて極めて正確な知識を得ることができます。この道具は、ジャーナリストにとっての最終審の判決になってしまいました。『カナール・アンシェネ』、『ル・モンド・ディプロマティック』[*13]

あるいは、利潤を度外視した「無責任な」人々によって経営されているいくつかの前衛的な小さな雑誌をおそらく別とすれば、ジャーナリズムの最も自律的な諸機関に至るまで、視聴率計算が、今や全ての人々の頭の中にあります。今日では、雑誌の編集部、出版社等にも「視聴率計算のメンタリティー」があります。誰もが、商業的な成功という点でものを考えています。一九世紀半ば以降、ボードレール、フロベール以来、たかだか三〇年前まで、常に、前衛作家——つまり、作家によって承認された作家、作家のための作家です——の世界、あるいは前衛芸術家——同様に、芸術家によって認められた芸術家です——の世界においては、即時の商業的成功は疑うべきものでした。人は、そこに時代や金銭との妥協の一つの印を見たのです。ところが今日では、ますます、市場が正統性を付与する正統な審級であると認められるようになっています。このことは、近年生まれたもう一つの制度、ベストセラーのリストによく現れています。そのうえ、私は、今朝ラジオで、あるキャスターが最新ベストセラーについて学者風にコメントし、『ソフィーの世界』が八〇万部になっているのだから、今年の流行は哲学だ」と言っているのを聞きました。彼は、販売数による評決を、まるで最終的な評決、最終審の判決であるかのように下しています。視聴率計算を通じて、商売の論理が文化的生産の上に押し付けられているのです。ところが、私――こう考えているのは私一人ではないと思います――そして少なからぬ人々が、人類の生み出した最も崇高なものと考えている、あらゆる文化的生産物、数学、詩、文学、哲学、これら全てのものは、歴史を通じて、視聴率計算に相当するもの、すなわち商売の論理に抗して生産されてきたのです。この視聴率計算のメンタリティーが、前衛的な出版社や学術機関――これらはマーケッティングをし始めています――にまで浸透しているのは、極めて憂慮すべき事態です。なぜなら、このようなことは、読者・鑑賞者等の期待を先取りすることがないがゆえに一見すると秘教的であると思われてしまう可能性もあるが、いずれは自らが読者・鑑賞者を作り出すことができるような作品、そういう作品の生産条件そのものを危うくする危険があるからです。

時間の無さと「ファースト・スィンキング」

視聴率計算は、テレビに対して、まったく特有の効果を及ぼしています。それは、時間の無さという圧力として現われます。新聞の間の競争、新聞とテレビの間の競争は、スクープ競争、一番手になるための時間的競争という形をとります。例えば、アラン・アッカルドが著書の中で紹介しているジャーナリストからの聞き取りは、テレビのプロデューサーたちが、競争相手のテレビ局がある洪水を「追って」いるから、他でやっていないことを少し付け加えて自分たちもそれを「追う」、といったありさまを明らかにしています。要するに、生産者に押し付けられているがゆえに、視聴者に押し付けられているテーマがあるのです。そして、他の生産者との競争がそれらを生産者に押し付けているのです。ジャーナリストは、この種の交錯した圧力を相互に及ぼしあっているのであり、彼らの選択、つまり何を選び、何を選ばないのかは、そこから生じる一連の圧力の結果なのです。

私は、初めにテレビは思考・思想を表現するのにあまり好ましくないと述べました。私は、時間の無さと思考が、裏腹の関係にあることを明らかにしました。これは、哲学的な言説の古いトピックです。プラトンが設定している、時間を持っている哲学者と、アゴラ、公共の広場にいて時間の無さから逃れられない人々の間の対立です。プラトンは、おおよそ、時間の無い状況では人は考えることはできないと言っています。これは、率直に言って貴族主義的です。これは、時間を持っている特権的な人の視点です。そして自分の特権については、ほとんど何の疑問も持っていません。しかし、この点はここでの問題ではありません。確かなことは、思考と時間の間には結びつきがあるということです。テレビが突きつける一つの重大な問題は、思考と速さの関係です。人は、速さの中で考えることができるのでしょうか。高速で考えるとされている思想家に発言させることによって、テレビには、「ファースト・スインカー」、不安の影がさすよりも速く考える人々以外には、誰も登場することができなくなっているのではないでしょうか。

だからこそ、彼らはどうして極めて特殊な条件の下で質問に答えることができるのか、もはやいかなる人も考えることなどできないような条件下で考えられるのかを、問う必要があります。私の思うところでは、この回答は、彼らは「紋切り型の思考」によって考えているということです。フロベールが語っているように、「紋切り型の思考」というのは、誰もが思っていること、凡庸で、陳腐で、ありきたりの考えです。ところがまた、それは、人がそれを受容する時には、既にどこかで受容されているものなので、いかにして受容が可能になるかという問題が生じないのです。ところで、発言であろうが、書物であろうが、テレビメッセージであろうが、コミュニケーションの主要な問題は、受容の条件が満たされているのかどうかということです。私が今話していることを了解・解読するためのコードを、聞き手が持っているのかどうかということです。もしあなたが、「紋切り型の思考」を何か発信すれば、受け手がどうであろうと、それでもうコミュニケーションは済んでしまったようなものです。問題は解決です。ある意味では、コミュニケーションがないがゆえに、即座《インスタント》のコミュニケーションがあるのです。あるいは、コミュニケーションは、表面上存在しているだけです。ありきたりの話題の交換は、コミュニケーションをしているという事実以外に内容のないコミュニケーションです。「ありきたりの話題」が、日常会話の中で巨大な役割を果たすのは、誰もがそれを受容することができ、それを即座《インスタント》に受容することができるという利点があるからなのです。つまり、それは凡庸であるがゆえに、発信者と受容者の間で共有されているのです。その反対に、思考とは、本来的に、秩序を覆そうとするものです。それは、「紋切り型の思考」を解体することから始めなければならず、そして次に論証をしなければならないのです。デカルトが論証という言葉を口にする時、彼は論拠の長い連鎖について語っています。これは時間がかかります。「したがって」「その結果として」「それはそれとして」「以下のことは了解されているとして」……等によって結び付けられた一連の命題を展開しなければなりません。ところが、考えるという過程を持った思考のこの展開は本質的に時間と結びついているのです。

テレビが、文化のファースト・フード、できあいの消化吸収の良いように処理された、つまりあらかじめ考えられた、文化的な食品を提供する何人かのファースト・スインカーを特別扱いしているのは、単にテレビ業界を牛耳る人々が、誰もが同じ（ロシアについてはX氏あるいはX女史、ドイツについてはY氏といったお定まりの）住所録を持っている（これも時間の無さへの従属の一つですが）からだけではありません。（間に合わせのコメンテーターがいるので、本当に言うべきことのある人は誰なのかを考えないで済むのです。つまり、しばしばまだ若く、知られておらず、研究に打ち込んでおり、メディアに入り浸ろうという気もない、ジャーナリストがわざわざ探しに行かなければならないような人です。それに対していつでも使えてすぐに原稿をひねり出したり、インタヴューを受けたりできるメディアの常連が手近にいるからです。）いかなる人でも、もはや考えることのできない条件の中で「考える」ことができるためには、ある特別なタイプの思想家でなければならないのです。

まったく偽りのあるいは真実を偽った対論

いよいよ対論の問題に移らねばなりません。この点については、手短に済ませます。論証はずっと簡単だからです。まずは、私たちもすぐに見抜くことのできる、まったく偽りの対論があります。みなさんはテレビで、アラン・マンクとジャック・アタリ、アラン・マンクとギイ・ソルマン、リュック・フェリーとアラン・フィンケルクロート、ジャック・ジュリアールとクロード・アンベール……という組み合わせ[*14]を目にしますが、この連中は相方《コンビ》なのです。(アメリカでは、大学から大学へ渡り歩きながら、このタイプの掛け合いをやって生活している連中がいます……)この人たちは、お互いをよく知っており、一緒に昼食をし、夕食をしている連中なのです。(スイユ社から今年刊行された『欺かれた者たちの年』というジャック・ジュリアールの日記を読んで下さい。[*15] いかに都合よく事が運んでいるかがわかります。)例えば、私はギイヨーム・デュランのエリートについてのある番組を子細に観察したのですが、そこには、この連中がせい揃いしていました。アタリ、ニコラ・サルコジー[*16]、マンク……といました。ある時サルコジーに話し掛けているアタリが「ニコラ……サルコジー」と言いました。名と姓の間にちょっと沈黙があったのです。もし、名で止めていたら、彼らが相方《コンビ》だということ、彼らがお互いを親しく知っているということが分かったはずです。ところが、彼らは、外見的には、二つの対立する政党に属しているのです。ここに気づかれないで済んだかもしれない馴れ合いの小さなしるしがあったのです。実は、常連のゲスト出演者の世界は、お互いが知り合いの閉じた世界であり、恒常的な自己補強の論理の中で機能しています。(クリスチンヌ・オクレントの番組でのセルジュ・ジュリとフィリップ・アレクサンドルの間の対論、そしておまけに人形劇がその対論をパロディにしているということは[*17]、このことを凝縮して示しており、この点で典型的です。)この人たちは互いに対立していますが、まったく陳腐な対立の仕方なのです……例えばジュリアールとアンベールは左翼と右翼を代表しているとされています。でまかせを語る人についてカビール人[*18]は、「彼は私に対して東を西にする」といいます。この人たちは、みなさんに対して右翼を左翼にしてしまう人たちです。視聴者はこの共犯関係に気づいているのでしょうか?　確かではありません。おそらくは、気づいているのかもしれません。この共犯関係に対する視聴者の反応は、パリそのものに対する全面的な拒否という形で表現されます。(ファシストの側からのパリ中心主義への批判は、この反発を取り込もうとします。）一一月の様々な出来事[19]の際には、何度も表明されていました。「みんな、パリの連中の嘘っぱちだ」というものです。人々は、何かがあると十分感じ取っているのです。しかし、一般の人々には、テレビというこの世界が、どれほど、そこに関わるものたちだけの中で閉じているのか、そしてそれゆえに、一般の人々の問題、一般の人々の存在に対して、テレビが閉じられているのだ、ということは見えていません。

そしてまた、一見すると真実の討論と見えるもの、真実を偽った討論もあります。その一つを手短に分析してみましょう。一一月のストライキの時のジャン＝マリー・カヴアダ[20]が司会をした討論を選んでみましょう。というのは、それは、民主主義的な討論としての申し分のない外見をもっていたので、ここで議論するために特に好適だからです。ところが、この討論の時に何が起きていたのかを観察すると（私はここまでやってきたように最も良く見えるものから最も隠されたものへと話しを進めます）、一連の検閲の操作が見えます。

第一の問題は、司会の役割です。これは視聴者がいつも、はっとさせられるものです。視聴者には、司会が押し付けの介入を行なっているのが良く分かります。話題を押し付ける、問題の設定（それは、例えばデュランの司会する討論番組――「エリートを火あぶりにするべきかどうか」――のようにしばしばあまりにばかげているので、それに対して肯定であろうが否定であろうがすべての答えは同じことになってしまうのです）を押し付けるのは司会です。彼は、ゲームの規則を尊重することを押し付けます。まったく御都合主義のゲームの規則です。労組活動家の場合とアカデミー・フランセーズのペエイルフィット氏[*21]の場合では、規則自体が同じではないのです。司会は発言を割り振ります、彼は重要さを示す印を割り振るのです。

言葉によるコミュニケーションの、言葉によらない暗黙の含意を明らかにしようと努めた社会学者たちがいました。私たちは、発言それ自体以上に、視線、沈黙、しぐさ、身振り、目の動き等、そしてイントネーションやその他のあらゆることによって、何かを言っています。したがって人は、自分がコントロールできる以上の極めて多くのことをさらけ出してしまっているのです。（この知見は、ナルシスの鏡に熱狂しているテレビの中の人たちを不安の中に突き落とすはずです。）本来の意味での発話についてだけでも、表現には極めて多くの次元がある――もし音声のレベルをコントロールすれば、構文のレベルをコントロールできません、以下同様に〔あるレベルをコントロールすれば別のレベルはコントロールできなくなるの〕です――ので、何かの役を演じるとか、官僚答弁式の紋切り型発言をするのでないかぎり、自己を最もよくコントロールできる人であっても、いかなる人も、すべての次元をコントロールすることはできません。

司会者自身が、無意識の言語、質問を向けるやり方、そして声の調子によって介入しているのです。彼は、ある人々には横柄な言い方をします「お答え下さい、あなたは私の質問に答えていません」あるいは「私はあなたの答えが聞きたいのです。あなた方はストライキを続けるのですか」。さらに「ありがとうございます《メルシー》」という時の異なった言い方は、大変意味深い例です。「ありがとうございます」というのは「私はあなたにお礼を申上げます、私はあなたに感謝しております、あなたの発言を大歓迎いたします」という意味のこともあります。しかし、「ありがとう」が、言い方によっては、厄介払いをするのと同じことになることもあります。「ありがとうございます」というのは、今度は「もう結構です。終ります、次に行きましょう」という意味です。これら全ては、声の調子のかすかなニュアンスによって、極めて微妙に示されるのですが、発言者には通じます。発言者は、表向きの意味と隠された意味を同時に受け取ってしまいます。発言者は両方を受けとってしまい、自分の表現手段を見失ってしまうのです。

司会者は、発言の時間を割り振ります。自分の発言の調子も割り振ります。恭しい言い方、横柄な言い方、気を使った言い方、苛ついた言い方、等です。例えば、相づちを打つのにも、急かせて「はぁ……、はぁ……」とやるやり方があります。発言者に苛立ちや、無関心を感じさせるので……〔結局は、発言者に発言を止めさせてしまうことになります〕（研究者の間では、聞き取りの時に、相手に、こちら側の同意の印、関心の印を、返事で示すことがとても重要だということが知られています。さもなければ、相手はやる気を無くし、発言は、徐々に消えていってしまいます。つまり、対話者が期待しているのは、まったく小さなこと、「ハイ」という返事、うなずきの身振り、いわゆる理解の印です。）これらのほとんど感じ取れない印を、司会者は、自覚的にというよりもむしろ、たいていは、無自覚的に操作しているのです。

例えば、ちょっと生半可な形で文化に触れている独学の人は、文化の威光に対する畏敬の念を持っており、アカデミー会員等、表面的には威信のある肩書きを持った人々の偽りの威光に感服してしまいます。司会者には別の戦略もあります。彼は、時間の無さを操作するのです。彼は、時間、時間の無さ、時計を利用して、発言を遮り、急がせ、途中で終りにさせるのです。そしてここには、もう一つの手があります。他のあらゆる番組の司会者と同様に、彼は自分を公衆の代弁者《スポークスマン》にして「やめてください、私にはあなたが言っていることが分かりません」と言います。彼は自分のことを「バカだ」と言っているわけではありません。定義からしてバカな、底辺のテレビ視聴者には理解できないと言っているのです。彼は、自分を愚かな人たちの代弁者にすることによって、知的な話しを途中で打ち切ってしまうのです。私が検証してみたところ、彼がこの検閲者という役割を演じる際に口実にしている人たち自身が、しばしば実は、発言のカットに最も憤慨していました。

結果は、全てを計算すると、二時間の番組で全てを合計しても、あらゆる発言機会を合計しても、労働組合であるＣＧＴ〔Confédération général du travail：労働総同盟〕の委員には、正確に五分しか時間がありませんでした。（ところが、誰もが知っているように、そもそもＣＧＴがなければ、ストもないし、番組その他もないはずなのです。）ところがこれは、形式的な平等の外見が、一見すると尊重されているにもかかわらずそうだったのです。そして、だからこそカヴァダの番組は意味深いのです。

このことは、民主主義の観点から言って極めて重大な問題を投げかけています。スタジオでは、全ての発言が平等ではないということが明らかです。テレビという舞台でのプロがいます、語りと舞台のプロがいます、そして、その前に素人がいるのです。(それは、たき火を囲んでいるスト参加者だったりします、そして発言がされるのです……)これは途方もない不平等です。そしていささかでも平等さを取り戻すためには、司会者は不平等でなければならないはずです。すなわち、彼は、相対的に最も恵まれない立場にある人を助けなければならないはずです。例えば私たちの研究グループが『世界の悲惨』のための調査の作業の中で行なったようなことです。語りのプロでない人に、ものを語らせようとするのであれば(そして、しばしばそういう人は、普通では不可能なこと、長広舌を振るう人が思いつくことさえできないことを語ることができるのです)、語りを助けるという作業が必要です。より高尚な表現を使えば、それは紛うことなきソクラテス的使命だといえましょう。これは、大切なことを語る人、その人が何を言いたいのか、何を考えているのかを、人々が知りたいと思う人のために力を尽くすこと、その人が発言を生み出すことを助けることです。ところが、司会者がしていることは、これとはまったく違うことです。彼らは、恵まれない人々を助けていないばかりか、こう言っても過言ではないでしょうが、彼らを意気沮喪させているのです。手はいくらでもあります。よいタイミングでは発言を振らない、もう発言の機会はないだろうと思っている時に発言を振る、じれったいという感情を示す、等です。

しかし、ここまではまだ目に見える現象の水準です。次の水準に行かなければなりません。スタジオ出演者の構成です。これは決定的です。見えない作業があり、スタジオ出演者の構成はその結果なのです。例えば、出演者を招待するためには、事前の一連の作業があります。招待することが思い及ばない人がいます。招待しても断られる人がいます。スタジオ出演者はそこにいるのですが、それが目に見えることによって、見えないものが隠されてしまっているのです。目に見えるものが構成されることによって、構成の作業の社会的諸条件は見えなくなるのです。だから「あ、誰それが出ていない」とは、誰も言わないのです。このような操作の一つの例（無数の例の中の一つでしかありませんが）があります。九五年冬のストライキの間に、知識人とストライキについて『サークル・ド・ミニュイ』という番組で、二回にわたって放送がありました。おおざっぱに言って、知識人の間には、二つの陣営がありました。一回目の放送では、ストライキを支持しない知識人は、手短に言うと、右派の陣営に見えていました。（手直しされた）二回目の放送では、より右の人間を加え、ストライキを支持する人を除くことによってスタジオ出演者の構成を変えました。このことによって、一回目の放送で右派だったストを支持しない人々が左派の陣営にみえるようになりました。右派と左派というのは、定義からして相対的です。だから、この場合は、スタジオ出演者の構成の変化によって、メッセージの意味が変化したのです。

スタジオ出演者の構成というのは重要です、なぜならそれは民主主義的にバランスが取れているという印象を与えなければならないからです。（極端な例は、「一対一の対決」です。「あなたは、持ち時間の三〇秒を使いました……」と司会者が宣言します。）平等をこれ見よがしに見せ、司会者が裁定者を演じるのです。カヴァダの番組のスタジオには、二つの種類の人がいました。実際に参加している行動者、役割を与えられた人々、ストライキ参加者がいました。別の種類の人々がいました。彼らも役割を与えられていましたが、それは観察者という立場でした。自分の意見を言うためにいる人たちがあり（「なぜそんなことをするのですか？」「どうしてあなた方は、利用者に迷惑をかけるのですか？」等々の質問が向けられます）、他方には、解説をするため、メタ言説〔より上の立場からの言葉〕を述べるためにいる人たちがありました。

さらに、目に見えないが極めて決定的な要素があります。一部の参加予定者との間での準備のための打ち合わせによって、前もって組み立てられた手筈です。これは、程度はともかくとして、動かしがたい一種のシナリオになることもあり、全ての出演者はそれに合わせなければなりません（準備は、ある場合にはある種の演技のようにほとんどリハーサルに近い形態をとることもあります）。前もって準備されたこのシナリオの中には、即興の、枠を外れた、司会者とそして番組にとっては、あまりに挑戦的な、危険な、自由な発言の余地は実質的にはありません。

この空間の目に見えないもう一つの特質は、哲学者の言う言語ゲームの論理それ自体です。このゲームにはそれが演じられるための暗黙の規則があります。現実的に言説が流通している社会的空間の各々には、あることは語りえて他のことは語りえないというような構造があります。テレビでの言語ゲームの暗黙の前提の一つは、民主主義的な討論をプロレスのモデルで考えるということです。衝突がなければなりません、善玉、悪玉です……そして同時に、あらゆる攻撃が認められるわけではありません。攻撃は、形式の整った、学者的な言葉の論理に合っていなければならないのです。この空間には、もう一つ特質があります。私が先ほど指摘したプロたちの間の馴れ合いです。私がファースト・スインカーとよぶ人々、使い捨ての思考のスペシャリストたちを、テレビのプロたちは「良い常連ゲスト」と呼んでいます。これらの人々は、番組に気安く呼ぶことができ、彼らはお互いの間で格好の取り合わせを作り、難しい状況を作り出すもめごとを起こすこともありません。そしておまけに、問題が何もなくとも、とうとうとしゃべるのです。水の中の魚のような、うってつけの常連ゲストの世界がある一方で、だからこそ水から出されてしまった魚もいることになるのです。そして、最後の目に見えないものは、司会者の自覚していないものです。私にはよくあることなのですが、私に対して大変好意的なジャーナリストを前にしてさえ、インタヴューに対する私の回答を、質問そのものを問いなおすことから始めざるをえないことがあります。ジャーナリストというのは、自分の眼鏡、自分の思考のカテゴリーを持っていて、無関係なことについての無関係な質問をします。例えば、いわゆる「郊外」の問題について、彼らは頭の中に私が先ほど指摘したあらゆる幻影を持っているので、回答を始める前に、丁重に「あなたの質問は、興味深いとは思いますが、私には、より重要な問題が他にあるように思われます……」と言わなければなりません。人は、多少でも準備ができていない状態では、とんでもない質問に答えることになるのです。

矛盾と緊張

テレビというのは自律性の極めて乏しいコミュニケーションの手段です。そしてそこには、ジャーナリストの間の社会的な関係に基づく一連の拘束が課されています。この関係は、執拗な、ばかげたほど情け容赦のない競争の関係です。そしてそれはまた、馴れ合いの関係、つまり客観的な共犯の関係です。そしてこの関係は、象徴的な生産の界におけるジャーナリストの位置に結びついた共通の利害と、彼らの社会的な出自や職業養成の過程で彼らが身につけた素養（あるいは素養の無さ）に結びついた認知の構造、つまり知覚と評価のカテゴリーを、彼らが共有しているという事実に基盤を持っています。したがって、一見すると勝手気ままなものにみえるテレビというこのコミュニケーション手段には、たががはめられています。六〇年代にテレビが新しい現象として出現した時、少なからぬ数の「社会学者たち」（何重にもカッコをつける必要がありますが）は、性急にも、「マス・コミュニケーションの手段」としてのテレビは、「マス化」をすることになると言いました。テレビは、少しずつあらゆる視聴者を平準化し、均質化すると考えられていたのです。実際には、このような考え方は、視聴者の側の抵抗の能力の過小評価でした。しかし、他方、このような考え方は、とりわけテレビが持つ力、テレビそのものを作る人々に与える変化の力、そしてより一般的には他のジャーナリストと文化的生産者の総体に（テレビがそれらの人々のある部分におよぼす抵抗しがたい魅惑を通じて）与える変化の力を過小評価していたのです。科学的生産あるいは芸術的生産の活動も含めて、文化的生産の活動の総体へのテレビの支配力が、途方もなく拡大してしまうという、最も重要な現象を予期することはかなり困難でした。今日、極端な場合、あるいは究極的には、テレビがもたらす矛盾は、文化的生産のあらゆる世界につきまとっています。あるタイプの作品（私は、最も分かり易い例として、数学を取り上げますが、このことは前衛的な詩や哲学、社会学についても当てはまります）、「純粋」である——変な言葉ですが——といわれる作品、つまり、商業的なものの制約等に対して自律的な作品を生産することができるために必要な経済的社会的条件と、他方ではこの条件の中でえられた生産物を伝達するための社会的条件の間には矛盾があるということです。前衛的な数学研究、前衛的な詩作等を行なうために必要な条件とこれらのものをあらゆる人々に伝えるために必要な条件の間の矛盾です。文化的生産の他のいかなる分野よりも、視聴率計算を通じて商業的なものの圧力を受けているという意味において、テレビにおいては、この矛盾は極限に達しています。

ジャーナリズムの世界というこの小宇宙の中には、同時に、大変強い緊張が存在します。自律性という価値、すなわち商業的なもの、顧客の注文、上役の指示等に対する自由という価値を守りたいと願うものと、必然性に従属しそのことに対して見返りを得るものの間の緊張です。この緊張は、少なくともブラウン管の上では、けっして表現されることはありません。というのは条件がそうはなっていないからです。私は、例えば、大金持の大スター、特別に有名で特別に報酬を得ていると同時に特別に従属している人々と、ニュースやルポルタージュ等を作っている無名の下請けの人たちの間の対立を念頭に置いています。これらの下請けの人々は、ますます批判的になっています。なぜなら、労働市場の論理のしからしむところによって、彼らはますます高度の養成過程を経るようになっているにもかかわらず、ますます使い走りのようなこと、取るに足らないことのために雇用されるようになっているからです。マイクの背後、カメラの背後には、六〇年代に同じ事をしていた人と比べると比較にならないほど高い教養を持った人々がいます。別の言い方をすると、職業の現実が要求するものとジャーナリスト学校や大学で人々が獲得する熱望との間に、ますます大きな緊張が生じるようになっているのです。自分の将来を先取りして自分からそれに適応してしまうということがあるにしても、野心満々の人はどうするのでしょうか……。先ごろ、あるジャーナリストが、かつて四〇歳の危機（四〇歳になると、かつて自分が考えていたものとは、ジャーナリストという職業の現実はまったく違うということが分かるというのです）といわれていたものは、今や三〇歳の危機になっていると述べていました。人々は、この職業に避けがたいすさまじい物事、とりわけ視聴率計算等に結びついたあらゆる拘束に、ますます早いうちから気づくようになっています。ジャーナリズムという職業は、そこにいる人々の間に、最も多く、不安、不満、反抗、あるいはシニカルなあきらめが存在している職業の一つです。人々が体験し続けている労働《しごと》の現実、あるいは「一般世間とはちょっと別だ」といわれ続けている労働の現実に対する、怒り、憤り、あるいは落胆は、ジャーナリズムの中では、極めて広範に表明されています（もちろん、とりわけ被支配的立場にあるものの側です）。しかし、これらの悔恨や拒否が、真の抵抗という形態を取るという状況――個人的なものはもちろん集団的なものとなるととりわけ――からは、私たちは、未だはるかに遠いところにいます。

私はあらゆる努力をしましたが、それでも人々は、これまで述べてきた問題を、私がテレビ司会者やキャスターの個人的な責任に帰していると考えるかもしれません。私が挙げたこれら全ての問題を理解するためには、より全体的なメカニズムの水準、構造の水準に移らなければなりません。プラトン（今日、私は、彼をずいぶんと引用しています）は、私たちは神の操り人形であると言っていました。テレビという世界の中では、社会的な行為者たちは、声望と自由と自律性、そしてしばしば特別なオーラさえ持っている（テレビ雑誌を見ればすぐ分かります）ように見えながら、必然的なもの、すなわち構造の操り人形になってしまっているという印象を受けます。この必然的なものを記述しなければなりません。この構造的なものを取り出し明らかにしなければなりません。

第II部　見えない構造とその効果

テレビ画面の上で起こっていることについて、（どんなに精巧なものでも）単なる記述以上のことをするためには、そしてジャーナリストの行動を説明するためのメカニズムを把握するためには、一つの概念、すなわち、ジャーナリズム界という概念を導入しなければなりません（ちょっとテクニカルですが、私はこの界という概念を援用せざるをえません）。ジャーナリズムの世界は一つの小宇宙です。自らに固有の法則を持ち、より広い世界の中での自らの位置によって定義されます。そして他の小宇宙の側にとっての自分たちの魅力と他の小宇宙の側からの自分たちに対する反感によっても、定義される小宇宙です。この世界が自律的である、自らに固有の法則を持っているというのは、そこで起こっていることは、外部要素による直接的な説明によっては理解できないということです。ジャーナリズムの世界で起きていることを経済的な要因によって説明することに私が反対するのは、このためです。例えば、TF1がブイッグによって所有されているという事実だけから、そこで行なわれていることを説明することはできません。もちろん、この事実を考慮しない説明が不十分だということは明らかでしょう。しかし、このことしか考慮しない説明が、それよりましである、ということはありません。それどころか、そのような説明はそれが一見すると十分なものに見えるがゆえに、おそらく、かえって不十分なものになってしまうでしょう。マルクス主義の伝統と結びついた、ある種の短絡的な唯物論があります。それは何も説明しません、何も明らかにすることなく糾弾するだけなのです。

市場でのシェアと競争

ＴＦ１に起きることを理解するためには、テレビ局の間の客観的な関係の空間の中にＴＦ１が位置づけられているという事実に由来する、全てのことがらを考慮に入れなければなりません。テレビ局がおかれている競争関係は、市場でのシェアとか（局の経営に占めるスポンサーの比重とか、局に所属する知名度のあるジャーナリストたちが集団として持っている資本等の指標を通じて把握される見えない力関係によって、その形を見えない在り方で決定されている競争です。言い換えるならば、テレビ局の間には、私がこれまで語ってきた全てのこと、相互の接触、人々がお互いに話しをするとかしないとか、お互いに影響をあたえるとか、お互いの書いたものを読むとかだけでなく、まったく見えない力関係があるのです。それゆえ、ＴＦ１やアルテ[*22]で何が行なわれるのかを理解するためには、界の構造を構成する客観的な力関係の総体を考慮に入れなければならないのです。例えば、経済企業界では、大変強力な一つの企業は、ほとんど総体としての経済空間を変形させうる権力を持っています。その企業は、価格を引き下げることにより、新しい企業の参入を禁止することができ、参入に対する一種の障壁を設定することができるのです。この効果は、必ずしも目的意志の産物ではありません。オーディオ・ヴィジュアルの世界に働く固有の一群の権力――現実には市場でのシェアによって表現されます――をＴＦ１が集積したという単なる事実が、オーディオ・ヴィジュアルの世界の形勢を変えました。この構造は、視聴者によってもジャーナリストによっても知覚されていません。ジャーナリストはその効果については知覚しています。しかし、制度の中にいるがゆえに、自分たちの上にのしかかっている制度の重みが相対的にはどれほどのものであるか、そして、この制度の中で自分たちがどこにいるのか、そして自分たちがその中でどれほどの比重を占めているのかは分かっていません。ある一人のジャーナリストに可能なことを理解するためには、一連の媒介変数を念頭に置かなければなりません。まずは、その人がいる報道機関、ＴＦ１とか『ル・モンド』であるとかのジャーナリズム界における位置、次いでその新聞社なり、テレビ局なりの中での彼自身の固有の位置です。

界というのは、構造化された社会空間、力の界〔場〕なのです――そこには、支配者と被支配者がいます。この空間の内側には、ある程度持続的な不平等という関係が働いています――そしてまた界は、この力の界〔場〕を変革しようとしたり保守しようとしたりする闘いの界〔場〕でもあります。この世界の内側では、各々は、自らが保持している（相対的な）力を投資して他者と競争するのですが、この力が、それを保持しているものの界の中における位置を定義し、そしてその結果として、それを保持しているものの戦略を定義しているのです。[*23] テレビ局や新聞の間での経済的な競争、読者や視聴者、あるいはいわゆる市場でのシェアを求める経済的な競争が、ジャーナリストの間の競争、すなわち、固有の特殊な争点（スクープ、独占報道、職業の中での名声等）を持った競争という形態をまとうのです。そして、この競争は、経済的力関係あるいは象徴レベルの力関係の中での当該の報道機関の位置と結びついた拘束に従ってはいますが、金銭的な利益を得るための純粋に経済的な闘いという外見は持たないし、そう考えられることもないのです。今日お互いに決して出会うことがない人々（極端な例を取れば、『ル・モンド・ディプロマティック』とＴＦ１等です）の間にも見えない客観的な関係が存在しています。彼らは、意識するにせよしないにせよ、自分たちが実際に行なっていることの中では、自分たちが同じ一つの世界に所属しているということに負う拘束と効果を、考慮に入れているのです。言い換えるならば、今日、誰それというジャーナリストが何を発言し何を書くか、すなわち、彼にとって何が自明のことで何が思考不可能なことなのか、何が自然なことで何が彼自身にとってはふさわしくないことなのかを知るためには、彼がこの空間で占めている位置を知らなければなりません。つまり、彼の属する報道機関が保持している、界に固有の権力を知らなければなりません。この権力は、様々な指標の中でも、特に、経済的な比重、つまり市場でのシェアによって計られますが、それればかりでなく、より数量化の難しい、象徴レベルの比重によっても計られます。(完全を期するためには、実は、世界的なメディア界の中でのそれぞれのナショナルなメディア界の位置を考慮しなければならないでしょう。例えば、多くのジャーナリストにとってのモデル、アイディアや言い回し、手口のネタになっている、アメリカのテレビによる経済的技術的な支配、そしてとりわけ、象徴的支配を考慮しなければなりません。)

この構造の現在の形態をよりよく理解するためには、それが構築された過程を歴史的にたどり直すべきでしょう。五〇年代には、テレビは、ジャーナリズム界の中にほとんど存在していませんでした。ジャーナリズムについて話しをするとき、テレビのことはほとんど考えられることはありませんでした。テレビの関係者は、二重の意味で被支配的な位置にいました。とりわけ、テレビ関係者は政治権力に従属しているのではないかという疑いを人々からもたれており、文化的、象徴的な見地から、つまり名声の見地からすると、〔文化生産者の界・ジャーナリズム界の中で〕被支配的な存在でしかありませんでした。そしてまた、国家の補助金に依存しているという点で経済的にも被支配的な存在であり、有能でも強力でもありませんでした。年月とともに関係は完全に逆転し（この過程は詳細に記述しなければなりません）、ジャーナリズム界において、テレビは、経済的にも象徴的にも支配するものになろうとしています。このことは、とりわけ、新聞の危機によって見て取ることができます。新聞は、消滅してしまったり、自分たちの生き残り、読者の獲得あるいは奪還という問題に絶えず向き合わざるをえないのです。少なくともフランスでは、主として雑記事とスポーツニュースを提供する新聞が、最も脅かされています。堅いジャーナリズム（堅いジャーナリズムというのは、雑記事やスポーツは最小限にして、国際政治あるいは政治ニュース、さらには政治分析を、前面に出し、一面に置く、あるいはこれまでは置いてきたメディアです）の支配から逃れ、ますます雑記事やスポーツニュースといったこれらの報道対象に傾いているテレビに対して、これらの新聞は、ほとんど対置しうるものを持っていないからです。

私はここまでは、ざっと描写を行なっているだけです。細部に立ち入る必要があるでしょう、（一つの報道機関だけではなくて）様々な報道機関の間の関係性の発展の社会史（残念ながらこれは、存在していません）を行なうべきでしょう。一つの空間の全体構造の歴史の水準においてこそ、最も重要なものが現われるのです。ある一つの界においては、内部における相対的な比重を考慮に入れなければなりません。一つの新聞が、完全に同一のものでありつづけ、一人の読者を失うこともなく、何も変らないにもかかわらず、その比重、空間の中でのその相対的な位置が変化してしまったため、根本的に変容してしまうということがありえます。例えば、ある新聞は、それが自らの周りの空間を変形させる権力が減少し、もはや「仕切る」ことができなくなったときには、支配的な存在であることを止めてしまいます。活字ジャーナリズムの世界は、『ル・モンド』が仕切っていたといえます。ジャーナリズムの歴史家の誰もが行なっている対立のさせ方ですが、ニュース、つまり、消息、雑記事等を提供する新聞と、展望つまり、視点、分析等を提供する新聞の間の対立、『フランス・ソワール』のような大発行部数の新聞と発行部数はより限られているものの半ば公式の権威を持っている新聞の間の対立によって、一つの界が存在していました。『ル・モンド』は、両者の対立関係の中でちょうど良い位置にいました。広告主の視点からも権力であるというにたる十分な発行部数を持っており、一つの権威としても十分な象徴資本をも備えていたのです。『ル・モンド』は、この界における権力の二つの要素を兼ね備えていました。

教養ある読者の間に常に恐れと嫌悪を引き起こしていた大発行部数の、大衆向けの、センセーショナルな新聞に対する反発から、一九世紀の末に、評論メディアが出現しました。テレビの登場という、勝れた意味でのマスメディアの登場は、その規模の大きさを別にすれば、必ずしも前代未聞のものではありません。私はここで注釈を行なっておきます。次のような二つの対照的な幻想のいずれにも陥らないようにすることは、社会学者にとって重要な問題の一つです。一つは「一度も見たことがない」という幻想です（これが大好きで、すぐに飛びつく社会学者がいます。前代未聞の出来事、何か革命ぽいことについて語るのは、大変カッコイイことです、特にテレビでは）。もう一つは「いつもこんなものだ」という幻想です（これは、むしろ保守的な社会学者のやり方です。「日の下には、新しいものは何もない、常に支配するものとされるもの、豊かなものと貧しいものが存在する……」というわけです）。それに加えて、異なる時代を比較することが大変困難なために、これらの危険は一層大きなものになりがちです。〔例えばある現象や個別の事実の新しさを言うためには比較が必要だが〕比較することができるのは〔現象や個別の事実を成り立たせている〕構造と構造の間でだけです。私たちは、単に学問的な素養が無いというだけで、ありふれたものを前代未聞の出来事として描写するという過ちを犯す危険があるのです。ジャーナリストがしばしば危険な存在である理由の一つはこれです。ジャーナリストは必ずしも十分な学問的素養があるわけではないので、大して驚くべきでないことに驚いてしまい、驚くべきことに驚かないのです……。私たち社会学者にとっては、歴史は不可欠です。残念ながら、多くの分野、とりわけ近年の歴史の分野では、中でもジャーナリズムのような新しい現象については、業績はまだまだ不十分です。

凡庸化する力

テレビの出現が与えた影響に立ち戻ります。確かに「堅い」メディアと大衆メディアの間の対立はテレビの出現以前から存在していました。しかし、これほど強烈なものだったことはかつてありません（私は、「一度も見たことがない」と「いつもこんなものだ」の間に一つの妥協点を見つけています）。その強力な普及力によって、テレビは、活字ジャーナリズムの世界そしてより広い文化的生産の世界にまったく恐るべき問題を突きつけています。かつては、ぞっとするものであった大衆新聞は、これと比較するならば、たいしたものには見えなくなります（詩におけるロマン主義革命は、総じては、大衆新聞の登場が巻き起こしたイギリス作家の間の恐怖によって引き起こされたものだという仮説をレイモンド・ウイリアムズは提起しています）。[*24] テレビが生み出す様々な効果は、それ自体としては前例がないわけではありませんが、その規模の大きさと、まったく途方もないその比重によって、まさにかつてないものなのです。

例えば、二〇時のテレビニュースは、フランスの全ての朝刊紙と夕刊紙の読者を合わせたよりも多くの人々を、一晩のうちにテレビの前に集めることができます。このようなメディアによって供給される情報が、耳障りなことのない総花的なもの、均質化されたものになってしまうと、そこから政治的、文化的な効果が生じます。大変よく知られた法則があります。報道機関やあるいは何らかの表現手段が、より広い範囲の公衆を捉えようとすればするほど、耳障りなこと、意見のわかれること、対立を引き起こすこと、こうしたことの全てが、そこから失われてしまうのです――写真週刊誌の『パリ・マッチ』を考えてください。よく言われるように「誰の気にも触らない」ことに専心するようになるのです。問題を提起することがないように、あるいは歴史的な背景のない問題のみを提起することに専心するようになるのです。日常生活で、私たちはよく、天気について、雨だとか晴れだとかについて話します。なぜならそれは、人と衝突することがないと分かっている問題――あなたがヴァカンス中で、雨を必要としている農民を相手に話しているというのなら別ですが――、勝れてソフトな主題だからです。ある新聞が普及の範囲を拡大すればするほど、それは何の問題も提起しない総花的な主題に向かっていきます。受容者の認知のカテゴリーに合うように、報道の対象を構成するのです。

このために、私がこれまで描写してきたように、人々が集団で行なうあらゆる作業が、均質化し、凡庸化し、「順応し」、「脱政治化する」傾向を持つようになり、受容者の認知のカテゴリーに完全に合致したものになるのです。正確に言えば、誰も、その主体ではなく、誰もそのことをそれとして考えたり欲求したりすることがないにもかかわらずそうなっているのです。このようなことは、社会的な世界ではしばしば見られることです。誰も欲していないのに、あたかも欲せられたものであるかのように見えることが生ずるのです（こうした事情から「それは目的があって行なわれている」という言い方がでてきます）。この時、単純素朴な批判は危険です。それは、事態を理解するためにはしなければならない作業をしないで済ますことになるからです。例えば、誰もそれを本当には欲していないにもかかわらず、出資者の側にも介入をする必要はないにもかかわらず、全ての人に都合がよく、既に知られていることに合致しているもの、人々の精神構造を揺るがすようなことはまったくない、実に奇妙な生産物、つまり「テレビニュース」が作られるのです。

ある社会の物質的な土台に手をつける革命があります。聖職者の財産の国有化等です、革命というと人々は普通はこれを思い浮かべます。そしてそれだけでなく、象徴革命というものもあります。芸術家や学者、あるいは偉大な宗教的な預言者、あるいは時には、より稀なことですが、偉大な政治的な預言者がもたらすものです。それは、精神的な構造に手をつけます、すなわち、私たちが見、考える在り方を変えるのです。絵画の領域では、マネがその例です。彼は、ある基本的な対立、アカデミー的なあらゆる教育が依拠していた一つの構造、すなわち現代的なものと古いものの間の対立を揺るがしたのです。私は請合いますが、テレビのような強力な手段が、些かなりともこの種の象徴革命の方向へ向かうならば、直ちにそれを止めさせようとする圧力がかかるでしょう……。ところが、誰が圧力をかける必要もなく、競争の論理と私が指摘したメカニズムの論理によって、テレビは決してそういうことはしないのです。テレビは、公衆の精神的な構造に完全に合わせられているのです。テレビのモラリズムを考えてみてください。『テレトン[*25]』的な面については、この論理の中で分析しなければなりません。ジッドは「善意によってひどい文学をなす」と言いましたが、善意によって「視聴率を取る」わけです。テレビ関係者のモラリズムについて深く考えなければならないでしょう。彼らは、シニカルでありながら、しばしばまったく驚くべきほどの順応主義的モラルの言葉を述べます。我らがテレビニュースのキャスターたち、討論番組の司会者たち、スポーツ・コメンテーターたちは、良心の小指導者になっています。彼らは、他人からほとんど強いられる必要もなく、自分たちを典型的な小市民《プチ・ブルジョア》的モラルの代弁者にして、自分たちが「社会の問題」と呼んでいること、例えば郊外での犯罪や学校での暴力について、「考えるべきこと」を語るのです。芸術や文学の分野でも、事情は同じです。最も有名な「文学」番組は全てますます、既成の価値、順応主義、アカデミー的な権威、あるいは市場的な価値に奉仕する隷属的なものになっています。

ジャーナリストたち——ジャーナリズム界というべきですが——が社会の中で占めている重要性は、彼らが情報を大規模に生産し流布するための手段を事実上独占していること、そしてその手段を通じて、一般市民さらには学者、芸術家、作家等の他の文化生産者が、いわゆる「公共空間」にアクセスする、すなわち自らの生産物を広く普及する手段に対して、独占権を振っているという事実に負っています。(個人として、あるいは、団体または何らかの集団の一員として、一つの情報を広く伝達したいと思うや否や、人々は、ただちにこの独占に突き当たることになります。）ジャーナリストは、文化的生産の界において、劣位にある位置を占めていて、被支配的であるにもかかわらず、極めて例外的な形態の支配を及ぼしています。彼らは、公的に自らを表現すること、公的に存在すること、知られること、公的に名が知られること（これは、政治家とある種の知識人たちには最も重大な賭け金です）を可能にする手段に対する権力を持っているのです。このおかげで、彼ら（少なくとも彼らの中で最も力のある者たち）は、取り巻かれ、しばしば不釣り合いなほど重く見られることになるのです、彼らの知的な能力からするとです……。そして彼らは、この聖別する権力の一部を自分たちの利益のために流用しています（最も名声のある人たちであっても、ジャーナリストは、自分たちがたまさか支配することのできるカテゴリーの人々、例えば知識人——ジャーナリストはその中に加わりたくて加わりたくて、仕方がないのです——そして政治家と比べて、構造的に劣位にある位置にいるという事実が、彼らの中に常に反知識人主義へ向かう傾向があるということを説明するのにおそらく役立つはずです）。

少なくともテレビが出現するまでは、どんなに有名であったとしても、一人の文化的生産者には、まったく考えることもできなかったこと、すなわち公的に有名でありつづけること、大規模伝達の表現にアクセスすることが、ジャーナリストには可能です。それゆえに、彼らは、世界の見方についての彼らの原理、彼らの問題の立て方、彼らの見地を、社会全体に押し付けることができるのです。ジャーナリストの世界は、分裂し、差異があり、多様であり、それゆえ、あらゆる意見、あらゆる見地を代表するのに適している、そしてそれらが表現される機会を提供するのに適している、という反論があるかもしれません（確かに、自分たちが最低限必要な象徴的な力を持っている場合には、ジャーナリストの間での、あるいはメディアの間での競争を利用することによって、ジャーナリズムのフィルターを突破し、必要な情報を伝えることもある程度は可能です）。しかし、そうだとしても、ジャーナリズム界も、他の界と同様に（界の内部での位置と意見の差異を超えて）界に属する人々に共有されている前提と信念によって成り立っているということは変りません。これらの前提は、思考のカテゴリーのある種のシステム、業界用語とのある種の関わり、例えば「テレビ映りのいいこと」という考え方が含んでいる全てのことの中に埋め込まれているのであり、社会的現実やそしてまた象徴的生産物の全てについてジャーナリストが行なっている、選別の根底にあるものなのです。言論（学問的な分析や政治的な宣言）であろうが行動（デモやストライキ等）であろうが公的な討論にアクセスするためには、この、ジャーナリストによる選別という試練、すなわちジャーナリスト自身が自分たちがそれを行なっていることを知ることなしに行なう、このとてつもない検閲に従わざるをえないのです。ジャーナリストたちは、彼らの関心を引くことのできるもの、「彼らの注意を引く」ことができるもの、つまり、彼らの持っているカテゴリー、枠組みの中にあてはまるものだけを取り上げ、市民の総体に届くに値する象徴領域での様々な表現を、無意味なものであるといって、あるいは無関心によって拒否するのです。

情報伝達手段の空間の中でのテレビの相対的な比重が増大すること、そしてそこにおいて支配的であるテレビに対する商業的な拘束の比重が増大することには、さらにより把握困難な帰結が伴います。テレビの影響力のために、メディアが人々の文化的な活動を扱うあり方が、読者や視聴者の自発性を尊重するという名の下に一種のデマゴギーになってしまうということです。(もちろん、この傾向はテレビにおいてよりはっきり表れていますが、また、いわゆる堅い新聞にも及んでいます。これらのメディアは、自由論壇、自由意見等の名で、読者の手紙に、ますます多くのスペースをさいています。)

五〇年代のテレビは文化的であろうとしており、ある意味ではその独占的な地位を利用して、文化を標榜する制作物(ドキュメンタリー、古典的な作品の脚色、文化的な討論等)

をあらゆる人々に押し付け、公衆の趣味を育成しようとしていました。九〇年代のテレビは、より広範囲の視聴者を獲得するために、公衆の趣味におもねり、それを利用しているのです。視聴者に、粗野な制作物を提供しているのです。トークショーはその典型です。プライヴァシーの切り売り、極端な場合は、しばしば一種の覗き趣味や露出趣味を満足させるのにふさわしいといってもよいほどの、実体験のあられもない見せびらかしを提供しています。（また例えば、ただの視聴者でもテレビに一瞬映ることができるというので、人々が参加したがるゲーム番組等もあります）。そうはいうものの、私は昔の教育的・押し付け主義的なテレビ放送への、ある種の人々のノスタルジーに与しているわけではありません。押し付け主義的なテレビ放送は、ポピュリズム的な自発性の礼賛や民衆の趣味へのデマゴギー的な迎合に劣らず、大規模報道の手段を真に民主主義的に活用するということとは相容れないと私は考えています。

視聴率計算によって審判される闘争

したがって、見かけ、画面の上で見えるものの水準、さらにはジャーナリズム界の内部での競争の水準を越えたところまで行く必要があるのです。競争等の界内部の相互作用のあり方を決定している、異なる機関の間での客観的力関係の分析へと、歩みを進めなければなりません。ジャーナリストは所属する報道機関を代表し、またその機関の中で位置を占めています。今日、なぜかくかくのジャーナリストの間でしかじかのお定まりの論争が行なわれているのかを理解するためには、彼らの所属する報道機関のジャーナリズム空間における位置、そしてその機関の中でのジャーナリストの位置を考慮する必要があります。例えば、『ル・モンド』の論説担当者が何を書くことができるのか、そして何を書くことができないのかを理解するためには、これら二つの要素を念頭に置かなければなりません。これらの位置の拘束は、倫理的な禁止あるいは命令として経験されます。「それは、『ル・モンド』の伝統とは相容れない」とか「それは『ル・モンド』の精神に反する」とか「ここではそんなことはできない」等です。これら全ての経験は、倫理的な規範という形で述べられていますが、それは、この空間の中で特定の位置を占めているある特定の人物を通じて、界の構造が翻訳され表現されたものなのです。

一つの界の中でそれぞれの登場人物たちは、しばしば自分たちと競争関係にある他の行為者について、論争的《ポレミカル》な表象を持ちます。彼らは自分たちの語りの中で、ステレオタイプ、軽蔑を作り出します。（スポーツ空間においては、それぞれのスポーツが他のスポーツのステレオタイプのイメージを作り出しています。ラガーメンは、サッカー選手のことを「不器用な連中」と言います。）これらの表象は、しばしば、力関係に表現を与えることによって、その力関係を変容させようとするなり、保守しようとするなりを狙う闘争の戦略なのです。現在、活字メディアのジャーナリスト、そしてとりわけ、その中で被支配的な位置を占めている人々、つまり、小さな雑誌や権力のない位置にいる人々の間で、テレビに対する大変批判的な言論の発展が見られます。

実を言うと、これらの表象は、立場《ポジシオン》を取ることなのであり、それを表現している人は、それを通じて、本質的には、自らの位置《ポジシオン》を多少なりとも否認された形で表現しているのです。[*26]しかし、同時に、それらは、位置を変化させることを目指した戦略でもあります。今日、ジャーナリストの世界では、テレビ放送をめぐる闘争は中心的なものです。このため、テレビという対象を研究することはとても困難になっています。テレビについての言説の中には、学問的であると標榜していながら、実際には、テレビに関わる人々がテレビについて言っていることを記録しているだけのものがあるからです。(社会学者の言うことが、ジャーナリストたちが考えていることに近ければ近いほど、ジャーナリストは、その社会学者がすぐれた社会学者であると言います。したがって、テレビについて真実を言おうと試みる時、テレビの関係者に気に入られるということは期待できなくなります、しかし事情がそうであれば、むしろそれでよいわけですが。) それはそれとして、活字メディアのジャーナリズムは、ある指標によれば、テレビに対して段々と後退しつづけています。あらゆる新聞雑誌において、付録のテレビ番組欄の割合が絶えず増加しつづけているという事実、新聞雑誌のジャーナリストが自分の発言がテレビによって再録されるということに最も大きな価値を見出しているという事実があります。(新聞雑誌のジャーナリストは、テレビに映るということに、最も大きな価値を見出しています。これは、そのジャーナリストが自分の新聞雑誌の中での価値を認められることにつながるのです。重きを成したいと思うジャーナリストは、テレビ番組を一つ持たなければなりません。テレビ・ジャーナリストが活字メディアで極めて重要な地位を得るということまで起きています。これは、書くということ、その職《メチエ》の固有性を疑わせます。例えば、女性テレビ・キャスターが、昨日の今日で、ある雑誌の主幹になれるのであれば、何がジャーナリストの固有の能力なのかに疑問を持たずにはいられませんん[*27]。アメリカ人の言うアジェンダ（語らなければならないことは何か、コラムのテーマ、重要問題ということです）が、ますますテレビによって決められるようになっているのです。（私が記述した情報の堂々巡りの流通の中で、テレビの重みは決定的であり、もし、活字メディアのジャーナリストによってあるテーマ——何らかの問題や何らかの議論——が投げかけられても、それがテレビによって取り上げられ、キャンペーンされない限り、決定的なもの、中心的なもの、認められたもの、ついでに言えば政治的に有効なものにはなりません。）それゆえ、活字メディアのジャーナリストの位置は脅かされ、かくして職業の固有性までもが危うくなっているのです。私がここまでに述べている全てのことは、詳細な展開をし、検証しなければならないでしょう。これは、これまでの数々の研究に依拠した総括であると同時に、一つの研究プログラムなのです。これまで述べてきたことは、大変複雑な問題であり、極めて重要な経験的な研究をすることなしには、本当の意味で知識を前進させることはできません（しかしながら、存在もしない科学、「メディオロジー」[*28]の独占者であると自称している人々が、いかなる調査もせずに、メディアの世界の現状について、断定的な口調で自分たちの結論を主張するのは、止めさせせようがありません)。

しかしながら、一番重要なことは、今までは、スポーツと雑記事だけを扱ういわゆるイエロー・ジャーナリズムの中に追いやられていた、ニュースについてのある種の見方が、ジャーナリズム界の全体に押し付けられようとしていることです。これは、まさにテレビの象徴的な重みの増大、競争関係にあるテレビ放送の中で、最もシニカルで最も当たりを飛ばしているテレビ、センセーショナルなもの、人目を引くもの、異常なものの追求に迎合するテレビ放送の象徴的な重みの増大のためなのです。そして、同様に、従順な公衆の期待に何の後ろめたさもなく迎合できる素養を持つがゆえに高給で迎えられることのできるようなジャーナリストたち、彼らは最もシニカルで、あらゆる形態の職業的な倫理、いわんや政治的な問題提起等には最も無関心な種類のジャーナリストたちです。押し付けといえば、彼らが、自分たちの「価値」、選好、振る舞い方、あるいは語り方、その「理想的な人間像」を、ジャーナリストの全体に押し付けているということでもあるのです。

市場シェアのための競争の圧力によって、テレビは、ますますイエロー・ジャーナリズムの古い手口に訴えるようになっています。全てのスペースではないにしても、トップのスペースを雑記事やスポーツニュースに割いています。世界中で何が起ころうとも、テレビニュースのオープニングで取り上げられるものは、決まっています。自然災害、事故、火事等をはじめとして、フランス・サッカーリーグの結果や、二〇時のニュースの中に突然割り込む編成になっている、その他のあれこれのスポーツ・イヴェント、あるいは政治に関する最も些末なエピソード的な面や最も儀礼的な事柄（外国元首の訪問や大統領の外国訪問等です）等以外にはありません。要するに全ては、単なる好奇心から発する関心をかきたてるものでしかなく、報道を行なうために特別な知的力量、とりわけ政治的なものについての素養をまったく必要としないようなことがらです。私が述べたように、雑記事というのは、政治の不在をもたらし、人々の生活を非政治化し、エピソードあるいは噂話（ナショナルなものでもありうるし、スターやロイヤル・ファミリーの生活等を取り上げれば地球的なものになる場合もあります）に切り縮めてしまう効果を持っています。政治的な結果の生じない出来事に注意を向け、引きつけます。そして、そこから「教訓を引き出」したり、それらの事件を「社会問題」に仕立て上げるために騒ぎ立てるのです。わざとらしくテレビ画面の上に持ち出され事件にされた無意味なもの、エピソードにすぎないもの、そして偶然でしかないものに意味を持たせるために、この時たいてい、テレビ哲学者たちにお呼びがかかります。学校でのショールの着用、教員への暴行、あるいはその他全ての「社会の出来事」は、フィンケルクロート風の仰々しい憤りや、コント＝スポンヴィル風[*29]の説教臭い考察を引き出すようにうまく作られているのです。そして同様に、センセーショナルなものを追求する、つまり商業的な成功を追求するがゆえに、最も原始的な欲動や熱狂におもねり、大変な興味を呼び起こす雑事件が選択され、（自然にあるいは計算されて）野蛮なデマゴギーが作り上げられるのです（子供の誘拐や庶民の憤りを呼び起こすのに向いたスキャンダル等の事件です）。さらには、まったく単純にセンチメンタルな慈善的動員を引き起こすことがあります。あるいはまったく同様に熱狂的なこと、子供の殺害や人々に忌避される集団に結び付けられた事件について、攻撃的な象徴的リンチに近い動員を引き起こすことがあります。

したがって、今日、活字メディアのジャーナリストは選択の前に立たされています。支配的なモデルの方向、すなわちテレビのようなエセ報道を行なうべきなのか、あるいは違いを強調し、制作物を差異化するという戦略を取るべきなのかということです。二股をかけてどちらでも負けてしまう危険、つまり厳密に定義された文化的メッセージと結びついた読み手を失うという危険を冒しても、競争の中に入って行くべきなのか、それとも違いを強調すべきなのでしょうか？　この選択という問題は、ジャーナリズム界に含まれている下位界《スー＝シャン》であるテレビ界内部でも提起されています。私の見るところでは、現在の段階では、「視聴率計算のメンタリティー」の犠牲者である、活字メディアの責任あるポストにある者たちは、意識せぬまま、本当の意味での選択を避けているように思われます。（実際、社会的に重要な選択は誰によっても行なわれないということは、極めてよく見られることです。社会学者が煙たがられるのが常なのは、社会学者が人々が無意識のままにしておきたいことを意識化させるからです。）私は、全体の趨勢のしからしむところにより、伝統ある文化的生産機関もその特性を失い、いずれにしても負けてしまう土俵に向かおうとしていると考えています。例えば、かつての「七チャンネル」、今は「アルテ」という名になっている文化的な放送局は、頑固な、さらには攻撃的な、秘教的路線に背を向け、多少なりとも後ろめたい、視聴率計算の要求との妥協の路線に、極めて急速に転換しました。プライムタイムにおける平易さとの馴れ合いと、深夜の時間帯における秘教主義とを併用することになったのです。『ル・モンド』は同じタイプの選択の前に立っています。細かい分析には立ち入りません。

見えない構造――それは、例えば重力のように、ある意味では、誰にも見えないものでありながら何が起きているのかを理解するためには前提となるものです――の分析を、個人の経験の分析に適用するため、そして見えない力関係がどのようにして個人の間の争い、実存的な選択に翻訳し直されるのかを示すために、私は十分なことを述べたと思います。

ジャーナリズム界には、一つの特別な性格があります。それは、他のあらゆる文化的生産の界、数学界、文学界、法律界、科学界等に比べて、外的な力に対する依存の度合いが大きいということです。ジャーナリズム界は、極めて直接的に需要に依存しています。それは、市場の制裁に従属しているし、おそらく政治界以上に、人気による評決に従属しています。あらゆる界につきまとう「純粋なもの」と「商業的なもの」の間の二者択一が、そこでは特別な激しさをもって課され、しかも商業的な極の比重がとりわけ強いのです。(例えば、演劇では、ブルヴァール演劇と前衛演劇の対立[*30]がそれで、TF1と『ル・モンド』の間の対立に相当します、この対立には、一方の側のより教養のある公衆と他方の側のそれほどではない公衆という同様の対立が伴います。) それは、その強烈さにおいてかつてないものであり、現在共時的に比較しても、他の界に同等のものはありません。しかも、それに加えて、ジャーナリストの世界では、例えば、学問的な世界で、ある種の禁止事項を侵犯する人を手痛い目に合わせたり、あるいは反対に、ゲームの規則にのっとる人に同輩の尊敬を集めさせるような一種の内在的な裁判（例えば参照とか、引用によって示されます）にあたるものを見つけることができません。ジャーナリズムにおいては、ポジティブなあるいはネガティブな制裁《サンクション》はどこにあるのでしょうか。人形劇等の風刺番組が、批判の唯一の萌芽です。褒賞に関しては、「再録」（他のジャーナリストによって取り上げられること）しかありません。しかし、それは、稀で、あまり目立たない、あいまいな指標でしかありません。

テレビの支配力

ジャーナリズムの世界は一つの界ですが、視聴率計算を媒介として経済界の拘束の下にあります。そして、大変強く商業的な拘束に従属しているこの極めて他律的な界は、それ自身が構造として他の全ての界に拘束を及ぼしているのです。この構造的な効果は、客観的で、匿名で、見えないものであり、人々が通常批判する直接に見えるもの、すなわち誰それの介入とは、まったく異なるものです。責任者を糾弾するだけでは十分ではないし、そうすべきではないのです。例えば、ウィーンの偉大な諷刺家カール・クラウスは、今日であれば『ヌーヴェル・オプセルヴァトゥール』の主幹にでもあたる人物を、大変暴力的に攻撃しました。彼が時間を費やして糾弾したのは、文化的な順応主義によって文化を破壊すること、矮小なあるいはくだらない書き手に追従すること、平和主義的な考え方を偽善的に宣明しているが、まさにそのことによって平和主義の信用を失墜させているということでした……。

このように、批判というのは、一般的には人物に向かいます。人々には確かに責任はあるが、社会学をある程度やれば、人々は自分がその中に位置している構造によって、そしてその構造の中で自分たちが占めている位置によって、どこまでが可能でありどこからが可能でないかという範囲の中で決定されているのだということがわかります。したがって、私たちは、なにがしというジャーナリスト、なにがしという哲学者、なにがしという哲学者兼ジャーナリストを批難しさえすればよいと考えることはできません。誰にでも、腹に据え兼ねる人物はいます。私自身にも、時にそういうことはあります。ベルナール＝アンリ・レヴィは、作家兼ジャーナリストあるいは哲学者兼ジャーナリストの一種の象徴になっています。[*31] しかし、ベルナール＝アンリ・レヴィについて語るなど、本当は社会学者にふさわしいことではないのです。彼は、一つの構造の随伴現象でしかないということ、彼は、一つの界〔場〕の現われである電子のようなものだということを知る必要があります。彼を生み出し、彼にその矮小な力を与えている界を理解しなければ、何も理解したことにならないのです。

分析を悲劇のようには考えないこと、そしてまた行動を合理的に方向づけることが重要です。私はここで述べているような分析が、おそらくある程度は、実際に物事を変えるために貢献できるだろうという信念を持っています（そして私が一テレビ局でこの分析を紹介しているという事実がこのことを明かし立てているわけです）。あらゆる科学は、このような自負を持っています。オーギュスト・コントは言ったものです。「科学あるところ予測あり、予測あるところ行動あり。」社会についての科学は、他の科学とまったく同様に、このような野心を持つ権利があります。社会学者による、ジャーナリズムのような一つの空間の記述には、社会学者の欲動、さらに感情と熱情が備給されています。これは、分析という仕事によって熱情と欲動を昇華しているのです。このとき、社会学者はある意味で実効性を期待しているのです。例えば、メカニズムについての意識を拡張させることによって、社会学者は、ジャーナリストであろうとテレビの視聴者であろうと、このメカニズムによって操られている人々に、わずかながらでも自由を与えることに貢献することができるのです。これは余談になりますが、「対象にされている」と感じるかもしれないジャーナリストたちも、私が言っていることをよく聞いてくれさえすれば、次のように言うことになると私は思います——少なくともそうあることを期待しています。私がしていることは、彼らがおぼろげながら知ってはいるが、あまり知りたくないことを、明示化することによって、他ならぬ私が記述しているメカニズムそのものを統御するための自由の手段を与えることなのだと。事実、ジャーナリズムの内部において、競争から生じるある種の効果を無力化することを可能にする、個々のメディアを越えた同盟を考えることは可能です。部分的には、競争を方向づけている構造の効果から、有害な効果が生じています。競争それ自体が切迫を産み出し、切迫そのものがスクープの追求を産み出しています。そして、スクープの追求のため、誰もそのことを自覚せぬまま、単に競争相手に勝つためだけに、極めて危険な情報が流されてしまっています。事態が実際このとおりであるからこそ、このメカニズムを自覚する、明示的なものにするということは、競争を無力化するための話し合いを可能にするのです。（子供の誘拐事件等の極端な事態においては、しばしば行なわれていることですが、排外主義的な発言をする政治指導者、そのような発言によって有名になっている政治指導者についても、視聴率をとるために彼らを出演させることを拒否し、そのような発言を再現しないという約束をすることです。ジャーナリストがこのことに合意することを想像すること、あるいは夢想することができるはずです。これはアリバイ的に彼らに「反論」をするよりもはるかに効果的なことです。）私は、ユートピア的な考え方にまったく同調していますが、私はそのことを自覚しています。実際、社会学者に対して、決定論であるとかペシミズムであるといった批難を向ける人々に対する反論としては、私は、モラルへの違背をもたらすような構造的なメカニズムが意識化されれば、それらをコントロールしようとする意識的な行動が可能になると述べておきます。このジャーナリズムという世界は、大変はなはだしいシニシズムによって特徴づけられているにもかかわらず、多くの人々がモラルについて語ります。社会学者の視点からすれば、モラルというものは、人々がモラルに利害関心を持たせるようにするメカニズム、つまり、構造に支えられるのでなければ、有効ではありません。そして、モラルに対する顧慮等が出現するためには、この構造の中に、モラルに対する顧慮が、支持、補強、褒賞を見出す必要があるのです。この褒賞は公衆からもたらされることも可能です（もし、公衆がより見識を持ち、自らが被っている操作に対して、より自覚的であればです）。

したがって、私は、現在、文化的生産のあらゆる界が、ジャーナリズム界の構造的な拘束に従属していると考えています。誰それというジャーナリストや誰それというテレビ局の長による拘束ではありません、界の力は彼ら自身の手の及ばぬところにあるのです。そして、この拘束は、あらゆる界に、極めて類似した体系的な効果を及ぼしています。ジャーナリズム界は、界として、他の界に対して働きかけます。言い方を変えると、それ自身が商業的な論理によってますます支配されるようになっている界が、他の世界に拘束をますます押し付けているのです。視聴率計算の圧力を通じて、経済的なものの重みがテレビの上を覆っているのであり、経済的なものの重みは、ジャーナリズムに対するテレビの重みを通じて、最も「純粋な」ものも含めた、他の活字メディア、そしてジャーナリストの上を覆っています。彼らは、テレビ的な問題を押し付けられるがままになっています。このように、テレビの重みが、ジャーナリズム界全体の重みを通じて、文化的生産のあらゆる界にのしかかっているのです。

『社会科学研究紀要』のある号で、私たちはジャーナリズムの特集を行ないました。その中に、レミ・ルノワールの大変すぐれた論稿があります。彼は、司法の世界において、裁判官のうちのある人々――その人たちは、必ずしも法律界の内部の規範の視点からして尊敬を払われている人々ではないのですが――が、界の内部の力関係を変え、内部の階層秩序を飛び越すために、いかにテレビを利用してきたのかを示しています。これは、場合によっては、大変良いことでありえます。しかし、〔法律家の〕集団が辛うじて獲得してきた、合理性の現在の地平を、危険にさらす可能性もあります。あるいは、より厳密に言えば、しばしば、直接に目に見えるものや熱情に捕らわれてしまっている、正義感、法についての一般通念という直感に対して、自らの固有の論理を対置することを可能にする司法の世界の自律性が、確保し保証してきた成果を危うくすることになります。ジャーナリストが自分たちに固有の見方、価値観を表現することで、あるいは、自分自身で何のやましさも感じることなく、「人々の感じていること」あるいは「世論」の代弁者であると標榜することによって加えられる圧力は、しばしば、判事の仕事に大変強い影響を与えているようです。そして、文字通りの裁判権力の移転といえるようなことまでがありました。学問の世界においてさえ、同様のことが見られます。例えば、パトリック・シャンパーニュの分析した「事件」等では、デマゴギー的な論理――視聴率計算の論理――が内部における批判の論理に取って代わってしまっているのです。

ここまで述べてきたことの全ては、まったく抽象的だと思われるかもしれません。もっと単純に言ってみましょう。それぞれの界、大学界、歴史学者の界等において、界の内的な価値に応じて支配的である人々と被支配的な人々がいます。一人の「優れた歴史学者」というのは、優れた歴史学者たちが、その人のことをすぐれた歴史学者であるとする人のことです。この過程は、必然的に循環的なものです。しかし、数学者でない誰かが、数学者に関する見解を述べるために介入するようになり、それが聞き入れられるようになると、あるいは歴史家学者として承認されていない人（例えば、テレビ歴史学者）が歴史学者に関する見解を述べることができ、それが聞き入れられるようになると自律性の喪失が始まるのです。カヴァダ氏[*32]が、テレビからえた「権威」に拠って、フランスで最も偉大な哲学者はX氏であると、皆さんの前で言います。二人の数学者、二人の生物学者の間の対立、あるいは二人の物理学者の間の対立が、一般の人々による投票やカヴァダ氏が選んだ対談者の間の討論によって決着をつけることができるかどうか考えてみて下さい。ところが、メディアは評決を宣告するために介入しつづけているのです。週刊誌はこれが大好きです。一〇年間の総決算をすること、一〇年間、一五年間、一週間の最も偉大な一〇人の「知識人」を選ぶこと、数に入る「知識人」、値上がりする人、値下がりする人……。どうしてこんなことがそれほど成功するのでしょうか。それは、こういうランク付けが、知的な価値の株式市場に影響を及ぼすための手段であり、それを知識人たち、すなわち株主・資本所有者たち(しばしば小所有者でしかないにもかかわらず、ジャーナリズムや出版社では力を持っている人たちです)が、自分たちの持っている株の相場をあげるために利用しているからです。また、常に、影響力を及ぼすための手段、聖別するための手段であり、現在もそうである(哲学者、社会学者とか社会学、知識人等についての)事典というものもあります。例えば、最もありふれた戦略の一つは、(固有の基準に従えば)含まれる可能性のない人々、あるいは含まれるべきでない人々を含めることです、あるいは、含まれる可能性のある、あるいは含まれるべき人々を含めないことです。さらには、このたぐいのあるヒット・パレードのように、クロード・レヴィ=ストロースとベルナール=アンリ・レヴィを、同列に並べることです。すなわち、異論の余地のない価値と異論の余地なく疑わしい価値を同列に並べることによって、評価の構造そのものを変えてしまおうとすることです。しかし、雑誌の介入は、知識人兼ジャーナリストがいそいそと取り上げるような問題を、人々に押し付けるためにもなされます。(容易に理解できることですが) ジャーナリストの世界のあいも変らぬ反知識人主義のために、ジャーナリストは、例えば、知識人の過ちという問題を定期的にあげつらったり、知識人兼ジャーナリスト以外には誰も動員されない討論、これらのテレビ知識人に「出番」を与えメディアで存在できるようにする以外の意味を持たない討論を提起するのです。

文化生産に対するこれらの外部からの介入は、大変な脅威です。先ず第一には、文化的生産者が、常に聴衆、観客、読者を必要としているという意味において、一般の人々の判断には重みがあるのですが、外部からの介入はこの一般の人の判断を誤らせる可能性がありま す。一般の人々は、書籍が売れるという成功に貢献し、売れるということを通じて、編集者に影響を与えるのであり、編集者を通じて、将来の公刊の可能性に影響を与えています。自分たちの誌面のベストセラー欄に登場するような商業的な生産物を賞揚したり、作家兼ジャーナリストとジャーナリスト兼作家の間でのもちつもたれつの論理が働いている、今日のようなメディアの傾向のために、詩人にしろ、小説家にしろ、社会学者あるいは歴史学者にしろ、三〇〇部の本の若い著者は、著作の公刊がますます困難になっています。

（余談になりますが、社会学、そしてとりわけ知識人の社会学は、逆説的なことですが、私たちが目にしている今日のフランスの知識人界の現状を作り上げるのに、おそらく貢献していると思います。これは、もちろん意図したものではありません。社会学は、実際、二つの対立する用いられ方をされうるものなのです。一つは、シニカルな用い方です。知識人界の法則についての知識を自分の戦略をより効果的なものにするために利用することです。もう一つは、治癒的なものです。法則や傾向性についての知識をそれらの法則や傾向性と闘うために役立てることです。少なからぬ数のシニカルな人々、すなわち、境界侵犯をする預言者、テレビのファースト・スインカー、ジャーナリスティックな歴史学者、事典の著者たちや、〔対談や座談会等の〕テープレコーダーで現代思想の総括を行なう人々は、社会学、あるいは彼らが社会学だと考えているものを、力による追い落とし、すなわち知識人界に特殊なクーデターを行なうために、周到に利用しているのだと思います。ギイ・ドゥボールの思想[*33]における本当の意味で批判的なものについても同様のことが言えるでしょう。スペクタクルについての偉大な思想家であるはずのものが、シニカルで、批判的なものを無力化してしまう偽りのラディカリズムのアリバイに利用されているのです。）

〔占領者への〕協力

しかし、ジャーナリスティックな力と操作は、トロイの木馬の論理という、より巧妙なやり方によっても作用します。すなわち、自分の同輩たちからは得ることのできない聖別を、外的な力の支持によって得ようとする他律的な行為者を、自律的な世界に導き入れることです。作家でないもののための作家、哲学者でないもののための哲学者、以下同様ですが、これらの人々は、特別な世界の中での特別な評価とはまったく共通点のないジャーナリスティックな評価、つまりテレビでの人気をもっています。いくつかのディシプリンでは、メディアによる聖別が、ＣＮＲＳ[*34]の委員会によってさえ顧慮されるようになりつつあります。これは事実です。テレビあるいはラジオ番組のなにがしというプロデューサーが研究者を招くとき、彼はその研究者に、しばらく前まではむしろ格が落ちることを意味していた一つの形態の承認を与えることになります。たかだか三〇年前のことですが、レイモン・アロンは、ほとんど異論の余地のない力量を持っていたにもかかわらず、『ル・フィガロ』のジャーナリストとしてメディアに結びついていたために、大学人としては、根本的に疑いの目で見られていました。今日の界の間の力関係の変化は、ベルナール・ピヴォの番組[*35]に出演すること、雑誌による聖別、写真の掲載等の外的な評価の基準が、同輩による判断を、ますます押しのけていくほどです。最も純粋な世界、ハード・サイエンスの学問的世界での例を取り上げる必要があるでしょう(社会科学の世界は、より複雑になります、なぜなら、社会学者が語る社会という世界の中では、誰もが何かを賭けている、すなわち利害を持っているので、社会学とはまったく関係のない理由で、社会学者の良し悪しが語られるのです)。一見するとより独立性の強いディシプリン、歴史や人類学、あるいは生物学や物理学等の場合にも、予算の獲得を決定している知名度が、もはやメディアによる聖別によるのか、同輩の中での名声によるのかはっきりとは分からないという意味で、メディアによる審判がますます重要になっています。私は、極論を述べているようにみえるかもしれません。しかし、不幸なことですが、メディア権力の侵入、すなわち、経済的なものが、最も純粋な科学の世界へ、メディアに媒介されて侵入している例をさらに数多く挙げることができます。こういうわけですから、テレビで発言をするべきか否かを知るという問題は極めて重要で、私は、科学者共同体がこのことに本当の意味で注意を払うよう望みます。実際、私が描写した全てのメカニズムを意識化すれば、テレビの増大しつつある支配力に対して、学問的な進歩の条件である自律性を守るための集団的な試みが可能になるということが重要なのです。

学問的世界のような世界に対して、メディアの権力の押し付けが行なわれることが可能になるためには、該当する界の中で、共犯者を見出す必要があります。この共犯は社会学によって理解可能になるものです。大学人が駆り立てられるようにしてメディアに出ようとする、コメントすることを願い出たり、出演依頼をせがむように求めたり、確保されているはずの出演枠が忘れられていると抗議したりするのを見るのは、ジャーナリストには実にうれしいことなのです。そして、ジャーナリストたちの恐るべき証言を聞けば、作家や芸術家や学者の主観的な自律性というものがまったく疑わしいものであると考えざるをえなくなります。この依存を銘記する必要があります。その理由あるいはその原因を理解しなければなりません。ある意味で言うと、誰が「協力」するのかを理解しなければならないのです。私はこの「協力」という語を意図的に使っています。[*36] 先だって私たちは、『社会科学研究紀要』で、ナチ占領下のフランスの文学界についてのジゼル・サピロの論文を掲載した号を発行しました。この大変優れた分析は、誰が協力者だったのかあるいは誰がそうでなかったのかを述べて、あとから負債を払わせることを目的としているのではありません。それは、作家たちが、しかじかという時点において、なぜある陣営よりも別の陣営を選んだのかということをいくつかの変数から理解しようとするものです。簡単に言うと、同僚によって承認される人、すなわち固有の資本を豊かに持っていればいるほど、その人は抵抗《レジスタンス》を行なう傾向があります。逆に、固有の意味での文学的な実践において他律的である、すなわち商業的なものに誘引されていればいるほど（例えば、ベストセラー作家の、クロード・ファレールがそうで、今日も彼に相当するものがいます）、その作家は協力する傾向があるのです。

ところで、自律的であるという言葉に含まれている意味を説明しなければなりません。高度に自律的な界、例えば数学界の中では、生産者は、競争相手、すなわち自分が現に示している発見を自分の代わりにしていたかもしれない人々以外には、生産物を享受する顧客を持っていません。（私の夢は、社会学がこうなることです。ところが不幸なことに、社会学にはあらゆる人が嘴を挟んでくるのです。あらゆる人が社会学を知っていると思い込んでいるのです。ペエイルフィット氏[*37]が私に社会学についての説教を垂れようとします。テレビで彼と議論するために社会学者や歴史学者がいそいそとやってくるのをペエイルフィット氏は見ているのだから、そうするのももっともだろうと、皆さんはおっしゃるでしょうが。）自律性を勝ち取るためには、その内部でこそ、相互に判定し、相互に批判し、事情をわきまえた上でのことですが、相互に闘うこともできる、この一種の象牙の塔を建設しなければならないのです。そこでは、人々は対決します、しかしそれは武器つまり科学的な道具、テクニックと方法を備えた上でのことなのです。私は、以前ある機会に、ラジオで歴史学の同僚の一人と議論をしたことがありました。放送で、彼は私に「私はあなたのやった企業経営者層についてのコレスポンダンス分析（統計分析の一つの方法です）をやり直してみたのですがあなたとはまったく違う結果になりました」と言いました。私は「これは、素晴らしい！やっと本当の意味で私のことを批判する人が現われた」と思ったものです。彼は、経営者層について、私とは別の定義を採っていたので、分析に付すべき母集団に銀行経営者を含めていなかったことがわかりました。合意に至るためには、銀行経営者をもう一度入れてやる（これは、理論的かつ歴史的に重要な選択に関わります）だけで十分でした。本当の意味での合意あるいは本当の意味での科学的な不合意に達することを可能にする、本当の意味での科学的な討論が成り立つためには、不合意が生じているのがどの土俵の上でなのか、そしてその不合意をいかなる手段によって解決するのかについての高度な水準での合意がなければなりません。テレビの中では、歴史学者たちがお互いに合意することがないことがしばしばであるというのは、私たちには驚きです。このような討論で対立させられている人々は――私たちにはこういうやり方は理解できません――、たいていは、まったく共通するものを持っておらず一緒に話すべきではない人々なのです。（天文学者と占星術師、化学者と錬金術師、宗教社会学者とカルトの指導者等を一緒にするようなものです――愚劣なジャーナリストたちはこういうことが大好きなわけですが。）

さて、占領下のフランス作家の選択についてですが、そこでは、私がジダーノフの法則と呼んでいることの一つの具体的な実例が見られます。ある文化的な生産者が自律的であればあるほど、つまり自分の所属する界に固有の資本を豊かに持っていて、顧客として自らの競争者以外にはいない制限市場のみを志向していればいるほど、彼は抵抗へ向かう傾向にあります。反対に、自分の生産物を大量生産市場に向けていればいるほど（例えば、評論家《エセイスト》*38、作家兼ジャーナリスト、月並みな小説家）、彼は外部の権力、国家、教会、政党、そして今日ではジャーナリズムとテレビに協力し、それらの要求や注文に従属しがちなのです。

これは、大変一般的な法則なのであり、現在においても適用できます。メディアと協力するということは、敵国であるナチスと協力することとは違うと反論する人もいるでしょう。それはそうです。それに私は、新聞雑誌、ラジオ、テレビとのあらゆる形態の協力を頭から批難しているわけではもちろんありません。しかし、自律的な界の規範を破壊する圧力への無条件の従属という意味での協力に傾く要因という点では、一致は目を見張るほどです。科学界、政治界、文学界がメディアの支配によって脅かされているのは、これらの界の内側に、その界に固有の価値という点では、ほとんど承認されていない、他律的な人々、あるいは世間一般の言い方をすれば「落ちこぼれた」人々、あるいはそうなりかけている人々がいて、これらの人々が、界の内部では得ることのできなかった（急速で、早熟で、未熟でそしてつかの間の）承認を外部に求めることに利害を持っているからです。また、それに加えて、これらの人々は、ジャーナリストに大変良く受けるのです、なぜなら彼らは、（より自律的な著者とは異なって）ジャーナリストを不安にさせるようなことはしないし、ジャーナリストの要求に唯々諾々として従うからです。他律的知識人と闘うことが不可欠であると私が考えるのは、彼らがトロイの木馬だから、つまり彼らを通じて、界に他律性、すなわち商売、経済の法則が入り込むからです。

政治の例にも、急いで触れておきましょう。政治界はそれ自体ある程度の自律性を持っています。例えば、議会というのは、異なる利害あるいは敵対しさえする利害を表明するとされている人々の間での少なからぬ争いを、規則に従って、言葉によってまた投票によって解決する一種の闘技場《アリーナ》です。テレビはこの政治界の中で、他の界とりわけ法律界の中に、テレビが生み出しているのと同様の効果を生み出すことになります。それは、自律性の権利を脅かすのです。このことを証明するために、私はジャーナリズムの支配力を特集している『社会科学研究紀要』の同じ号で報告されている一つの話しを手短にしましょう。キャリンヌちゃん事件です。フランス南部で一人の女の子が殺されました。地域の小新聞は、事実、つまりお父さんや叔父さんの怒り心頭に達した抗議の声を報道します。この抗議の声は、ローカルな小さなデモを組織することになりました。このデモは小さな新聞に取り上げられ、そして別の新聞にも取り上げられます。「ひどい、子供なのに。死刑を復活せよ」と、人々は口々に語ります。地元の地方政治家たちが首を突っ込んできます。国民戦線*39に近い人々はとりわけ激昂しています。少しばかり意識的なトゥールーズのあるジャーナリストは警戒を呼びかけようとします。「注意せよ、これはリンチだ、冷静にならなければならない」と。弁護士会も口を挟むことになり、人民裁判に堕するような傾向を批難します。しかし、圧力は高まります。そして、最後には、無期禁錮が復活したのです。この速送りのフィルムの中で垣間見えることは、メディアが動員のための情報手段として働くことによって、どのようにして直接民主主義がその堕落形態となってしまうのかということです。そして、集団的な熱情という必ずしも民主主義的ではない圧力によって、切迫さに対して取られる距離、すなわち通常では政治的な界の相対的な自律性という論理によって保証されている距離が、どのようにして失われてしまうのかということです。あらゆる法の論理さらにはあらゆる政治の論理が構築されるために抵抗しなければならなかった、復讐の論理が復活してしまうのです。そしてまた、冷静な思考のために必要な距離を持たないジャーナリストは、マッチ・ポンプの役割を果たすことになるのです。彼らは、ことさらに一つの雑事件を取り上げることで、大事件（フランス人の少年に対する、まったく同様にフランス人による――ただし「アフリカ系」の少年による――殺人）を作り出すことに貢献することができるのです。そしてその後になって、国民戦線は、もちろん「事件によって引き起こされた感情」を利用しようと試みます。ジャーナリストたちはその国民戦線を批難するのですが、そもそも新聞が言っている事件を作ったのは、それを一面に載せ、あらゆるテレビニュースのトップでそれをくどくどと報道するといったことをしたジャーナリストたちなのです。それでいながら、ジャーナリストたちが作り提供した情報操作の最も格好の道具を用いて国民戦線が人種差別主義的な介入を行なうと、ジャーナリストたちはそれを大声で批難し、もったいつけて断罪します（実際には、国民戦線は、ジャーナリストたちがつけておいた火に、油を注ぎに来ているだけなのです）。そうすることによって、自分たちには、ヒューマニスティックな美しい精神という美徳を確保しているのです。

入場権利料と退場の義務

さてここで、私は難解さとエリート主義の関係について少々述べたいと思います。これは、一九世紀以来あらゆる思想家が論争し、かつしばしばジレンマに陥ってしまった問題です。例えば、マラルメは、一般の人にはさっぱり分からない言葉で数人の人々だけに対して書いた人であり、難解な、純粋作家の象徴そのものでした。しかし彼は、詩人としての仕事によって自分自身が獲得したものをあらゆる人々に返すことに、生涯にわたって心血を注ぎました。[*40] もし、彼の時代にメディアがあったとしたら、自らに次のように問うたに違いない人です。「テレビに出ようか？〈純粋さ〉の要求は、あらゆる種類の科学的なあるいは知的な仕事に固有のものであり、難解さにつながるのだが、そのことと達成の成果を可能な限り多くの人々へアクセス可能なものにするという民主主義的な関心をどうやって両立させればいいのだろうか？」と。私は、テレビが二つの効果をもたらすということを示しました。一方では、テレビのために、哲学、法律等の少なからぬ界で、界への入場権利料が引き下げられています。テレビは、その職業の内部における定義からすれば入場権利料を払っていない人々を、社会学者や、作家や、哲学者として聖別することができます。他方では、テレビは可能な限り多くの人々へ届くための手段です。私にとって許し難いと考えられることは、より多くの人々に視聴されるためということを界への入場権利料を引き下げる口実にすることです。私がエリート主義的なことを言っている、偉大な科学と偉大な文化の籠城を擁護している、あるいはそれらを民衆に許すまいとさえしていると反論されるかもしれません（信じられないほどのギャラをもらい羽振りを利かせていながら、自分たちは民衆の声を聞くことができる、視聴率によって圧倒的多数の支持を受けているとうそぶいて、自分では民衆の代弁者であるとしばしば言っている人たちがテレビに出ることを、私が許すまいとしているとでも言いたいのでしょうか?)。本当は、私は、人類が最も高度なものを創り出し、普及するために必要な条件を擁護しているのです。エリート主義とデマゴギーの二者択一を退けるためには、生産者の界への入場権利料の水準を維持し、引き上げるべきです――私は先ほど、社会学もそうなることを望んでいると述べました。実際、社会学の不幸の大部分は、そこでは入場権利料が余りに低いという事実から来ているのです――そして同時に、退場の条件と退場する際の手だてをより恵まれたものにするという前提のもとに退場の義務を強化しなければなりません。

平準化の脅威ということを振りかざす人がいます(これは、反動的な思想に繰り返し登場するテーマで、とりわけハイデガーに見られるものです)。本当は、その脅威は文化的な生産の界にメディアの要請が侵入することによって生じているのです。あらゆる前衛的な探求は(定義によって)本質的に秘教的である必要があります。しかしそれとともに秘教的なものを公の教えとし、その普及を適切な条件の下で行なう手段を獲得するために闘うことも必要です。両者を同時に擁護しなければなりません。別の言い方をすると、普遍的なものを進歩させるために必要な生産の条件を擁護しなければならず、またそれと同時に、普遍的なものへのアクセスの条件を一般化するために努力しなければなりません。それによって、より多くの人々が、普遍的なものを自らのものにするために必要な条件を満たすことができるようになるのです。一つの観念が、自律的な世界の中で生産されることによって、複雑なものになっていけばいくほど、それを広く還元することは難しくなります。困難を克服するためには、自分たちの小さな城壁の中にいる生産者が、そこから出て普及のための好ましい条件を獲得するために、自分たち自身の普及の手段を所有するために闘わなければなりません。そして教員や労働組合、市民団体等とつながりを持ちつつ、受容の水準を引き上げることを目指した教育を、受け手の側が受けるためにも闘わねばならないのです。一九世紀の共和政の建設者たちは、今日の人々が忘れていることを言っています、教育の目的は単に良い労働者を育てるために、読み、書き、計算をできるようにすることではない、良き市民であるために、つまり、法律を理解し、自分自身の権利を擁護し、労働組合団体を作ることができるようになるために、不可欠の手段を自家薬籠中の物とすることだというのです。普遍的なものへのアクセスの条件を普遍化するために努力しなければなりません。

民主主義の名の下に、視聴率計算と闘うことができるし、闘わなければならないのです。民主主義の名の下に視聴率計算と闘わなければならないというのは大変逆説的に見えます。(「あなたはエリート主義的な知識人の偏見から、これら全てを軽蔑すべきものであると考えている」というのです。) 確かに、視聴率計算の支配を擁護する人々は、視聴率計算以上に民主的なものはない、人々に判断し、選択する自由を残すべきだとうそぶいています (視聴率計算以上に民主的なものはないというのは、最もシニカルなスポンサーと広告代理店のお気に入りの議論です。これに追随するある種の社会学者たち――短絡的な思考の評論家たちももちろんです――は、世論調査への批判、さらには視聴率計算に対する批判までも、普通選挙制への批判と同一視するのです)。実際には、視聴率計算とは、市場、経済的なものの制裁、すなわち外的で純粋に商業的な利益の視点からする法則性による制裁でしかないのです。政治については、デマゴギーは政治的見解に関する世論調査によって方向づけられていますが[*41]、まさにそれに対応して、文化については、この視聴率計算というマーケッティングの道具への従属があるのです。テレビは視聴率に支配されることによって、自由で見識のあるとされている消費者に、市場の拘束を押し付けることに貢献しています。現実の消費者が、シニカルなデマゴーグが信じさせようとしているとおりの状態である、つまり見識のある、理性的な、集団的意見、政治的な理性の表現を持てないでいるのは、このためなのです。批判的な思想家そして被支配者の利益の表明を任務としている組織は、この問題について明快に考えることができていません。このことは、私が描きだそうと努めてきたメカニズムが力を持つことに、少なからず貢献しているのです。

補遺　ジャーナリズムの支配力

本稿の分析対象は、「ジャーナリストの権力」ではないし、ましていわんや「第四の権力」としてのジャーナリズムではない。そうではなくて、分析の対象は、ますます市場（読者や視聴者とスポンサー）の要請に従属するようになりつつあるジャーナリズム界のメカニズムが、まずもってはジャーナリストの上に（そして知識人兼ジャーナリストたち）に及ぼしている支配力である。次いで、部分的には彼らを通じて、様々な文化的生産の界、法律界、文学界、芸術界、科学界の上に及ぼしている支配力である。ジャーナリズム界自身が市場の拘束に支配されていることによって、構造的な拘束が様々な界におよんでいる。様々な界の活動そして様々な界で生産されているものが、ジャーナリズム界が及ぼす構造的な拘束にさらされ、現象的にはまったく異なるそれら様々な世界において極めて類似した効果が生じ、それら様々な界の内部の力関係が、いかにして、多少なりとも根本的に変わってしまったのかを検討することである。そして、対立する二つの過ち「一度も見たことがない」という幻想と「いつもこんなものだ」という幻想のいずれにも陥らずに、このような取り組みを行なわなければならないのである。

ジャーナリズム界は、そしてジャーナリズム界を通じて市場の論理は、文化的生産の界、その最も自律的な界にまで支配力を及ぼしている。この支配力は、根本的に新しいものでは必ずしもない。前世紀の作家のテクストを借りて構成してみれば、文化的な生産の界という守られた世界の内部において、ジャーナリズムの支配力が産み出した最も一般的な効果の見取り図を、苦もなく、まったくリアルに構成することができる。(2) しかし、様々な相同性の効果に由来する複合的な作用に加えて、現在の状況の特有性、相対的にはかつてないその諸性格を見失なわぬようにしなければならない。かつても、大新聞と連載小説による産業文学の出現があった。これが、作家の間に憤激あるいは反抗という反応、レイモンド・ウイリアムズのいうような「文化」の近代的な定義のもととなるような反応を呼び起こした。しかし、テレビ放送の発展がジャーナリズム界の中で生み出している効果、そして、ジャーナリズム界を通じて文化的生産のその他あらゆる界の中で産み出している効果は、その激しさと規模において、比べることができない重要性を持っている。

ジャーナリズム界が文化的生産の様々な界に押し付ける影響の形態と効力は、総体としては、ジャーナリズム界の固有の構造に結びついている。すなわち、様々な新聞雑誌とジャーナリストが、外的な力、読者市場の力と広告主市場の力に対する自律性という点でどのように分類されるのかという構造である。発信機関の自律性の程度は、おそらく、広告および(広告あるいは補助金という形態での)国家の援助のその収入に占める割合、そしてまた、広告主の集中の程度によって計られる。ある特定のジャーナリストの自律性の程度は、先ず第一には、新聞の寡占の程度によって制約を受ける(新聞の寡占は、被用者となる可能性のある人の数を制限し、雇用の不安定性を増加させる)。次に、彼の属する新聞雑誌の新聞雑誌空間の中での位置、つまりどちらかというと「知的な」極にあるか、どちらかというと「商業的な」極にあるのかに制約される。それから、彼が享受することのできる地位の保証(これはとりわけ知名度に結びついている)そして給与(宣伝のソフトな形態に取り込まれないで済むかどうかに関わる要素であり、食うための、また必要を満たすための仕事への依存――これらを通じて注文者の支配力が及ぶ――をより少なくする要素である)、これらを決定する、その新聞雑誌あるいは発行機関の中での彼の位置(正社員か、フリーか等)である。そして最後には、彼が情報を自律的に生産する能力(ある種のジャーナリスト、学問知識の通俗解説者や経済ジャーナリストは、とりわけ従属的である)によって、制約されているのである。実際、様々な権力、とりわけ政府の諸機関は、自らが及ぼすことのできる経済的な拘束手段のみならず、正統的な情報――とりわけ「公式筋の情報」といわれるもの――を独占していることによってあらゆる圧力を加えることが可能である。この影響ははっきりしている。まず第一に、政府権威筋と行政、例えば警察、そしてそれだけでなく、司法の権威筋、学問の権威筋等は、ジャーナリストたちに対して、この情報の独占を武器として争い、情報と情報伝達を任務とするものたちを操作しようとする。その一方、新聞の側では、情報を獲得し、かつその情報の独占権を確保しようとして、情報の保持者たちを操作しようとするのである。さらに、国家レベルの巨大な権威筋の象徴権力を忘れてはならない。それは、自らの行動、決定とジャーナリズム界への介入(インタヴュー、記者会見等)によって、文字通りの、時の話題つまり出来事の序列を新聞雑誌に押し付け、定義することができるのである。

ジャーナリズム界のいくつかの特性

ジャーナリズム界の影響力が、あらゆる界の内部において、「純粋」なものを蔑ろにして「商業的なもの」の力をどれほど強化しているのか、その「職《メチエ》」の原則と価値[*42]を擁護することに最も忠実であろうとする生産者を犠牲にして、経済的政治的な権力の誘惑に最も傾きがちな生産者の力をどれほど強化しているのか。このことを理解するためには、ジャーナリズム界も他の界と相同的な構造にしたがって成立しているということ、しかし同時に、その中においては、「商業的なもの」の重みが、他の界においてよりもはるかに大きいということを考える必要がある。

ジャーナリズム界の現在のあり方は、一九世紀に、どちらかというとむしろ「センセーショナル」な「ニュース」を提供する新聞、あるいはそれどころかそれ自体が「センセーショナル」な新聞と、分析と「論評」を提供し「客観性[(3)]」という価値を宣明することによって前者に対して自己区別《ディスタンクシオン》を印象づけることに力を注ぐ新聞の間の対立を軸に成立した。それゆえ、ジャーナリズム界は、正統化の二つの論理と二つの原理の間の対立の場所である。すなわち、内部における価値や原理に最も徹底的に忠実な人々に与えられる同輩による承認と、それに対立するものとしての、入場者、読者、受講者、あるいは観客の数として物質化される最大多数、つまりは、販売数（ベストセラー）と金銭的な利益による承認の対立である。この場合には、人気による評決という承認と市場の評決は切り離しえないのである。

ジャーナリズム界は、固有の文化を持っているという意味において文学界や芸術界と同様に特有の論理を持った場所である。そしてその論理は、網の目のような拘束と統制を通じて、ジャーナリストたちに課されている。ジャーナリストたち自身が、それを互いに押し付け合っている。そしてそれを尊重することが、しばしば職業倫理として示され、職業的な声望の基礎となっている。相対的に異論の余地のない肯定的な評価＝制裁《サンクション》としては、実は、ほとんど「再録《レヴュー》」しかない。しかし「再録」の持つ価値と意義は、それを行なっている人とその利益に浴する人の、それぞれの界の中での位置によって決まってしまっている。例えば、情報の出所を明らかにしないこと等に対する、否定的な評価＝制裁《サンクション》は、ほとんど不在である。他の記事、特にマイナーなメディアから引用するのは、責任逃れのためだけである。

しかし、政治界や経済界と同程度に、科学界や芸術界・文学界に比べればより強く、あるいは法律界と比べてさえはるかに強く、ジャーナリズム界は市場の評決に持続的に従属している（国家の助成が、市場からの即時の拘束に対する独立性を一定保証することができるとしてもである）。それは、直接には顧客による評価《サンクション》＝制裁、あるいは間接的には視聴率計算による評価《サンクション》＝制裁を通じてなされている。そしておそらくジャーナリストたちが、「視聴率の基準」を生産において採用する（「単純にする」「短くする」等）、あるいは生産物やあまつさえ生産者の評価の基準においてまで採用する（「テレビ映りが良い」「よく売れる」等）傾向をもっていればいるほど、その人たちは、市場により直接的に従属している機関（文化的なテレビ放送局ではなく、商業的なテレビ放送局）の、より高い位置（局長、編成部長等）を占めるようになる。反対に、最も若く最も地位の不安定なジャーナリストたちは、自分たちより「古参の者たち」の、より現実主義的なあるいはよりシニカルな要請に、「職《メチエ》」の原則と価値を対立させようとする傾向がある。(4)

顧客を獲得するための競争は、「ニュース《あたらしいもの》」というこの途方もなくはかない財の生産を志向する界に特有の論理のために、優先権、すなわち最も新しいニュース（スクープ）のための競争という形態を取る。そして、このことは、より商業的な極に近づけば近づくほど当然よりあてはまる。市場の拘束は、界の効果を媒介としてのみ作用する。実際、これらの数々のスクープは、顧客獲得の切り札として追い求められ、評価されるのだが、それがスクープであるということは読者や視聴者には知られることはなく、競争者にしか認知されないという運命にある（新聞雑誌の全てを読んでいるのは、ジャーナリストだけである……）。優先権のための競争は、界の構造とメカニズムに刻み込まれているので、ジャーナリズムのあらゆる活動をスピード（あるいはあわただしさ）そして絶え間ない新旧交代[5]の中で行なうような職業的性向をもった行為者を要求し、そのような行為者に有利に働くのである。このような性向は、ジャーナリズムの活動の時間的リズムそのものによって絶えず強化され、彼ら自身が場当たり的に生き、考えることを強いる。そして彼らは、ニュースについてもそれがどれほど新しいか（これがテレビニュースの「売り」である）に応じて評価するのである。さらに、新しさに対する興奮と表裏一体の一種の絶え間ない健忘症を助長し、そしてまた生産者と生産物を「新しいもの」と「古いもの[6]」の対立によって判断する傾向を助長するのである。

集団にしろ個人にしろ、自律性を確立するためにはほとんど力にならない、全く逆説的な界の効果が、もう一つある。競争のために、競合者の活動についての絶え間ない相互監視(相互のスパイ活動にまでいたることもある)が行なわれる。これは、競合者が陥った失敗を避け、その失敗を利用し、競合者の成功の手がかりになったと思われるものを取り入れ、その成功に対抗しようとするものである。余所がやった特集号のテーマは自分たちも取り上げなければならないと感じるし、他がリストアップした書籍については「自分たちも無視することはできない」し、他で呼ばれたゲストは自分たちにも必要だし、自分たちが争っている他のジャーナリストが見つけた題材は自分たちも「追わ」なければならないのである。これは、それらを本当に自分たちのものとしたいというよりも、むしろ競合者がそれらを持つことを阻止したいためである。かくして、他と同様この分野においても、競争は、独創性と多様性を自動的に生み出すどころか、供給されるものの画一化をしばしば助長する傾向がある。このことは、大週刊誌や、莫大な視聴者を集めるラジオ局やテレビ局の放送内容を比較してみれば容易に確認できる。しかし、極めて強力なこのメカニズムは、テレビのように、市場の評決に最も直接的かつ完全に従属しているメディアがなす「選択」を、界の総体に対して、徐々に押し付けていく効果をも持っている。この効果は、あらゆる生産を既存の価値の保守に方向づけることに貢献している。これは、例えば、ジャーナリスト兼知識人たちが、知識人のランキング付けを定期的に行なうことによって、彼ら流の界の見方を押し付けようとする（それにランキング付けは、「お返し」、つまり仲間内での承認に好都合なのである）ことからも明らかである。知識人のランキング付けは、ほとんど常に、二つのタイプの著作者を同列に並べる。一方は、ジャーナリストの支持があったとしても、ベストセラーリストの中に数週間しか存在しない、途方もなくはかない文化的生産物の著作者と、他方では聖別された著作者（その人々を聖別することによって聖別するものの側の良き趣味を聖別する「確かな価値」を持つと同時にまた、ロングセラーでもありベストセラーでもある古典を持つ著作者）である。つまり、メカニズムの効果は、たいていは特定の個人の行動を通じて実現されるにしても、ジャーナリズム界が備えているメカニズムとそれが他の界に及ぼす効果の強さと方向は、ジャーナリズム界を性格付ける構造によって決定されているのである。

侵入の効果

ジャーナリズム界の支配力は、それを被るあらゆる界において、界の中で、数と市場の力に対して最も隷属的な極に近く位置する行為者や機構の力を、強める傾向がある。この効果は、それを被るそれぞれの界そのものが構造的に、この論理により従属的になればなるほど強くなる。また、この効果を及ぼすジャーナリズム界自身が（文化的生産の他の界以上に）被っている外的な拘束に、構造的により従属的になる状況の下では、それだけ強くなる。例えば今日では、内部的な評価《サンクション》＝制裁がその象徴的な力を失う傾向がある。「堅い」ジャーナリストと新聞雑誌がそのオーラを失い、商業主義的テレビによって導入されている市場とマーケッティングの論理に、自分たち自身が譲歩することを強いられている。正統性のこの新しい原理は、数とメディア的知名度による聖別である。これは、（文化的なあるいは場合によっては政治的な）ある種の生産物あるいはある種の生産者が、専門的な界によって与えられる独自の評価《サンクション》＝制裁がなくとも、一見民主主義的なその代替物、つまり数量的な評価による承認をえることを可能にしている。テレビについてのある種の「分析」は、文化的な生産と普及の問題を、政治的な言葉、つまり〔無条件にあらゆる人々が加わっての多数決という〕人民投票の論理で提起することによって、商業主義の論理に民主主義的な正統性を与えている。そのため、ジャーナリスト、とりわけその中で視聴率計算に一番弱い人々の間で、好評を博したのである。(7)

したがって、商業主義の論理の直接的間接的な支配にますます身を委ねつつあるジャーナリズム界の文化的生産の界に対する支配力の強化は、様々な文化的生産の界のそれぞれの内部において、(学問的、文学的等の)界に固有の資本においてより貧しく、界が保証する即時のあるいは多少なりとも長い視点での利益を頼むことができないがゆえに、「外的」な利益の誘惑に最も屈しがちな行為者や企業の力を強め、それらの界の自律性の脅威となっている。

文化的生産(とりわけ哲学と社会科学)の界に対するジャーナリズム界の支配力は、主要には、ジャーナリズム界と専門的な(文学や哲学等の)界の間の不安定な場所にいる文化生産者の介入を通じて作用する。これらの「知識人兼ジャーナリスト」たち(8)は、自分たちの二重の所属を利用することにより、双方の世界でのそれぞれ固有の要請を逃れ、そして一方の世界でそこそこうまく得ることのできた権力をそれぞれ他方の世界に持ち込んでいる。彼らは、二つの主要な影響を及ぼすことになる。一方では、大学的な秘教的なものとジャーナリスティックな公教的なものの間の、あいまいに定義された中間に位置する、文化生産の新しい形態を導入する。他方では、彼らの批評によって、市場の評価《サンクション》＝制裁に知的権威の外見を備えた承認を与える諸原理が、文化的生産物の評価に際して押し付けられる。そのため、ある種のカテゴリーの消費者には自然なアロドクシア〔勘違い・取り違え〕の傾向が強化され、文化的生産物の受容に対する視聴率計算やベストセラーリストの影響力が、間接的にまたそして結局は、強化されることになる。そして、例えば編集者に、より安易でより売り易い生産物を選択させるのである。

知識人兼ジャーナリストたちは、「客観性」を、一種の八方美人の処世術、そして関係するあらゆる方面を折衷する中立性と同一視し、凡庸な文化的生産物を前衛的作品とみなしたり、様々な前衛的な探求（芸術に関してに限らない）を良識的な価値観の下にけなしたりするような、[9] 文化生産者の支持をあてにすることができる。そして、後者の文化生産者は、今度は、「誰でも読める最先端の科学雑誌」というスローガンを持つ一般向けの雑誌に対して、読者がしばしば口にする言葉が示すような自己幻滅の論理に従ってアロドクシアに向かいがちな、消費者たち全ての承認あるいは共犯をさえ当てにすることができる。両者はともに、「文化的価値の源」からの距離ゆえに、自らの文化獲得の能力の限界を隠蔽することに利害を持つ傾向があるからである。

今日においては視聴率計算が象徴している世俗的な要求は、前世紀の作家たちが、芸術が普通選挙の評決に従属しうる（科学についても同じことが言いうる）という考えに反抗したときに明白に標的にしていた要求である。この要求に対して界が抵抗する能力と自律性によって獲得されたものが、かくして、今日脅かされているのである。この脅威を前にして、界によってまたその自律性の程度によって、取られる可能性は異なるが、二つの戦略が可能である。まずは、界の境界を確固として画し、ジャーナリスティックな思考と行動の様式の侵入によって脅かされている境界線を再建しようとすることである。そしてさらには、象牙の塔の中への立て籠もりにより由来する価値を押し広げるために象牙の塔から出て、（ゾラを嚆矢として始まったモデルに従って）自律性があるがゆえに獲得可能になった物、達成物を外部に押し広げるために、専門化した界の内部あるいは外部、そしてジャーナリズム界そのものの中において動員可能なあらゆる手段を利用することである。

見識ある科学的判断に到達するための経済的、文化的条件というものがあるのであって、したがって、科学的問題の決着を普通選挙（あるいは世論調査）に求める（実際には間接的に、そして自覚することなくしばしばそうなっているのだが）ということは科学的生産の条件そのもの――つまり生産と評価に関する、外的な、それゆえ不適切であり場違いな原理の破壊的な侵入に対して科学の（あるいは芸術の）国を守る入場障壁――を破壊することに他ならないのである。しかし、〔外的侵入あるいは障壁を外から掘り崩すこととは〕逆の方向に障壁を越えること〔内部で獲得されたものを外部に持ち出すこと〕ができないとか、自律性によって可能になった獲得物の民主主義的再配分に取り組むことが不可能であると結論づけるべきではない。それに取り組むためには、（科学的あるいは芸術的）情報を普及する手段の（ジャーナリズム界が事実上保持している）独占に異議を申し立てること、そして文化的生産者（この場合は、その数の中に政治家を含めることができる）と大多数の消費者の間に割って入る手段を持った人々が商業主義的なデマゴギーによって作り上げている最大多数者の期待という表象に異議を申し立てることが、最も進んだ科学的なあるいは芸術的な探求の最も希少な成果の普及を目指したあらゆる行動の前提となるということを明確に理解することが必要である。

専門的生産の界の自律性に基礎を持つ、職業的な生産者（あるいは彼らの生産物）と一般消費者（読者、聴衆、観客、そしてまた選挙民）との間の距離が、それぞれの界において、どれほど大きいか、どれほど乗り越え難いか、また民主主義の原則の視点からどれほど受入れ難いものであるかは、界ごとに異なる。そして、この両者の間の距離は、政治においては表明されている原則〔民主主義〕と相容れないものだが、外見とは逆に、政治秩序の中に存在している。ジャーナリズム界に関わる行為者と政治界に関わる行為者は、絶え間ない競合と闘争の中にあり、またある意味ではジャーナリズム界は政治界に包含されることによって政治界の中で極めて強力な影響を及ぼしている。しかしながら、この二つの界は、極めて直接的に市場と直接投票の評価＝制裁《サンクション》の支配力の下におかれているという共通点がある。したがって、ジャーナリズム界の支配力は、政治界に関わる行為者が、最大多数者の、時に熱情的で非反省的でもある期待と要請という圧力に従属する傾向を強化する。そしてこれらの期待と要請は、それが、報道という形で表現を与えられることによって、しばしば、動員力のある要求となるのである。

自らの自律性が保証する批判の自由と権力を用いるのでない限り、報道、とりわけ（商業主義的な）テレビ報道は、世論調査（報道そのものがこれを重視している）と同じ方向に作用する。世論調査は、一方では、政治界の自己閉鎖を強化するデマゴギーを合理化する手段として役立つ。他方では、世論調査は、選挙民との間の媒介なしの直接的な関係を設定する。そしてそのことによって、構築された意見を練り上げ提起するために社会的に委任を受けている、個人的なあるいは集団的なあらゆる行為者をゲームの外に置いてしまうのである。世論調査は、権限委任されたものやスポークスマンたろうとする自負を持つあらゆる人々（かつての大新聞人もそれを共有していた）から、「世論」の正統な表現の独占権を剥奪してしまうのである。したがってそれらの人々が、〔スポークスマンたちへの〕委任を行なっている者たちの現実の意見あるいは想定された意見を（時には、国会においてのように集団的に）批判的に練り上げるよう努める力を、剥奪してしまうのである。[*43]

これら全てのことのために、ますます増大する商業主義の論理の支配力にそれ自体が従属しているジャーナリズム界が政治界——そこにはデマゴギーへの誘惑が取り付いている

――の上に及ぼす、絶え間なく（とりわけ世論調査が、合理的にデマゴギーを及ぼす手段を政治界に与える際には）増大する支配力は、政治界の自律性を弱め、そしてそれゆえ、（政治的なあるいは他の）代表者が専門家としての自らの能力、あるいは集団的な価値の守護者としての自らの権威を用いる力を弱めるように働く。

最後に、法律家の例を挙げずに済ますことはできない。法律家は、一種の「恭しい欺瞞」によって、自分たちの評決の原理は、外的な拘束、とりわけ経済的なそれの中にではなく、自分たちが守護者に他ならない超越的な規範の中に見出されるという信念を保持している。法律界は、それが信じている通りのもの、つまり政治的あるいは経済的な必要性とのあらゆる馴れ合いから断絶した世界ではない。しかし、それがそういうものとして自らを認知せしめたということは、まずもって、法を定める職業の人々の上に、まったく現実的な社会的効果をもたらしている。もし、法律家が真理と超越的で普遍的な価値に従うどころか、例えば、他のあらゆる社会的行為者のように、手続きや位階秩序を覆すような、経済的な必要性の圧力やジャーナリスティックな成功という誘惑がもたらす拘束に取り込まれてしまっているということが周知の事実となったら、集団的な欺瞞の多少なりとも真摯な体現者である法律家はどうなってしまうのであろうか。

規範的な小追記

ジャーナリストの上に覆いかぶさり、今度は彼らがあらゆる文化的生産者の上に押し付ける、隠された拘束を暴露すること、このことは（わざわざ言わねばならないのか？）、責任者を糾弾すること、有罪者を排斥することではない。[10] これは、意識化によって、このメカニズムの支配力から人々が相互に自らを解放する可能性を提供すること、そして恐らくは、芸術家、作家、学者、そして、普及の手段を（ほとんど）独占している、ジャーナリストの間での具体的な行動プログラムを提案することを目指している。このような協力のみが、探求の最も普遍的な獲得物の効果的な公表と、そしてまた部分的には、普遍的なものへのアクセスの条件を実際上普遍化することへの努力を可能にするだろう。

付録　オリンピック——分析のためのプログラム(11)

　オリンピックについて語るとき、正確には、そこで言われているものは何なのだろうか。目に見えるものは、「現実の」催し、すなわち、固有の意味でのスポーツ興行《スペクタクル》である。普遍主義的な理想の下に行なわれる全世界からやってきた選手による競技である。他方では、ナショナリズム的とはいわないまでも、強い国家的なトーンを帯びた儀式（各国チームの行進、国旗、国歌を伴うメダルの授与）がある。しかし、この興行《スペクタクル》についてテレビが撮影し放送する映像の中で、どのような範囲のものがひとまとまりにまとめられているのかは、目には隠されている。競技場で行なわれている競技は国際的であるのだから、一見するとひとつひとつの競技は、国籍とは無関係である。しかし、テレビ放送では各国ごとにそれぞれ別のものが選択されている。オリンピック全体を見るものは誰一人いないため、自分が見ているものが全体ではないということに誰一人として気づいていないという意味では、対象は二重に隠されているのである。それゆえに、一人ひとりのテレビ視聴者は、オリンピック興行《スペクタクル》の全体を本当に見ているという幻想を持つことができるのである。

各国の全国ネット・テレビが、ある一人の選手やある一つの競技により大きな位置を与えるにつれて、それらの選手や競技は国民的なあるいはナショナリズム的な驕りを満足させる役目を果たすようになる。それゆえ、単に録画することと思われているテレビによる放映は、全世界から集まった選手の間でのスポーツ競技を、(正式に委任を受けた戦士という意味での)様々な国の代表者《チャンピオン》の間の対決に変えてしまっているのである。

この象徴的な変貌の過程を理解するためには、第一に、オリンピック興行《スペクタクル》――競技それ自体だけでなく、例えば開会式と閉会式の行進等のそれらを囲むあらゆるイヴェント――の社会的な構築を分析しなければならないだろう。第二に、この興行《スペクタクル》のテレビ映像の生産を分析しなければならないだろう。オリンピックのテレビ映像は、スポット広告が乗る媒体として市場の論理に従う商業生産物となる。それゆえ、可能な限り多数の視聴者に可能な限り長期間にわたり届き、視聴者を引き付けるべく考えられなければならない。すなわち、テレビ映像は、経済的に支配的な諸国のプライムタイムにあわせて提供されなければならず、視聴者の需要に従属しなければならない。つまり、特定のスポーツに対する各々の国の視聴者の好み、あるいは、その国民的なまたはナショナリズム的な期待に順応するために、自国民が勝って、視聴者のナショナリズムを満足させることのできる種目や試合を周到に配慮して選択するのである。したがって、例えば、スポーツに関する国際組織における様々なスポーツの相対的な比重は、それらのテレビ放送上の成功とそれに相関する経済的な利益に、ますます依存する傾向にある。テレビ放映という拘束は、オリンピック事業の企画における競技の選択、それらに割り当てられる場所、それぞれの競技を実施する時間帯の選択、そして試合やセレモニーの展開そのものにも及んでいる。例えば、ソウル・オリンピックでは、(巨大な財政的条件をちらつかせた交渉によって) 重要な陸上競技の決勝の時刻は、アメリカの夕方のプライムタイムの冒頭に試合が来るように決められたのである。

第三に、テレビ興行《スペクタクル》としてのオリンピック、あるいはむしろ、マーケッティング用語でいえば「コミュ ニケーション手段」を生産している界の総体を対象に取り上げなければならないだろう。すなわち、オリンピックについての映像と言葉の生産と商業化のための競争に加わっている行為者と機関の間の客観的な関係の総体である。第一に、国際オリンピック委員会（ＩＯＣ）は、年間予算二〇〇〇万ドルの巨大商業企業に徐々に変容し、スポーツ界の指導者と巨大産業ブランド（アディダス、コカコーラ等）の代表者らの一群によって支配され、彼らが放映権料（バルセロナでは、六三三〇億ドルと見積もられる）と各競技についてのスポンサー権料、さらにオリンピック開催都市の選択を支配している。第二に、巨大テレビ会社（とくにアメリカ企業）は、放映権をめぐって（一国レベルあるいは同一の言語圏の範囲で）競争している。第三に、巨大多国籍企業（コカコーラ、コダック、リコー、フィリップス等）は、製品をオリンピックへ（公式提供者として）独占供給するという提携のための全世界的権利をめぐって競争している。さらに、テレビやラジオや新聞雑誌（バルセロナでは全部で一万種になる）向けの映像と実況解説の生産者も、競争関係に加わり、その競争関係が、彼らがオリンピックの映像を構築する際の個人的集団的な作業、すなわち、映像の選択、カメラワークによる切り取りと組み合わせ、実況解説の推敲等を方向づけている。[12]

最後に、テレビによるオリンピック興行《スペクタクル》の地球規模化が生み出している国家《ネイション》間競争の激化の様々な影響、例えば、国際的な成功を目指す国家《ステイト》のスポーツ政策の登場、勝利の象徴的経済的な利用を分析しなければならない。そしてドーピングや権威主義的な形態のトレーニング等を含むスポーツ生産の産業化を分析しなければならないだろう(13)。

芸術生産においては、直接目に見える芸術家の活動の影に、批評家、ギャラリーの支配人、美術館の学芸員等のあらゆる行為者の活動がある。彼らは、競争の中で、また競争によって、芸術作品の意味と価値、そしてより根本的には、芸術的なゲームそのものの基礎にある、芸術と芸術家の価値という信念の生産に協力している(14)。それと同様に、スポーツというゲームにおいては、チャンピオン――一〇〇メートル走や一〇種競技の代表選手――は、ある意味では二段階にわたって制作されている一つの興行《スペクタクル》の外見上の主体にすぎない(15)。一段階目では、選手、コーチ、医師、競技主催者、審判、タイムキーパー、あらゆるセレモニーの演出者、といった行為者、これら全ての人々が、スポーツ競技の競技場での適切な進行のために協力している。二段階目では、この興行《スペクタクル》を映像と言葉に再制作する全ての人々がいる。これらの人々は、たいてい、競争の下、そして彼らが組み込まれている客観的な関係のネットワークによって課される拘束の圧力の下に、置かれている。

この二段階にわたる社会的構築を担っている行為者の実践を支配しているメカニズムを意識化することを目指す研究と反省を行なうことができれば、「オリンピック」という時そこで言われている地球的イヴェントに参加する人々の各人が、他の全ての人々に影響を及ぼすことを行なっているがゆえに、全て影響を受けているこのメカニズムを、集団的にコントロールすることを可能にするだろう。そして、今日のオリンピックによって囲い込まれている、消滅の危機にある普遍主義的な可能性を解き放つ助けとなるであろう。[16]

後記　テレビ、ジャーナリズム、政治[17]

本書はフランスの著名なジャーナリストたちからきわめて激しい反発をもって迎えられた。それはなぜであろうか？　彼らの憤懣やるかたなしといった反応は一つには文字転記の効果に原因がある。講演を文字に起こすと、声の調子、身振り、表情、微笑み等言葉を補う全てのものが消えてしまう。講演であれば、善意の聴衆は言葉に伴う、しかし文字にできないこれらの要因によって、これが理解させたい説得したいという気持ちに発する言説であるとすぐに分かるのだが、本の形で読んだジャーナリストの多くは、私が何度も予防線を張っているにもかかわらず、攻撃的な批判の書と見なしてしまったのである。しかしその効果以上に、彼らの激しい反発はジャーナリスト的な物の見方に典型的ないくつかの特性によって説明できる。まず、新しいものとはすなわち「スクープ」のことだとする彼らの傾向である。つまり、社会世界の最も直接的に可視的な面、すなわち個人とその所業、とりわけ悪業を、告発し裁判にかけるかのような立場から、好んで報道の対象に取り上げる傾向である。その結果、人々の行動や思考を方向づける目に見えない構造とメカニズム（ここではジャーナリズム界の構造とメカニズム）は彼らの視野に入らなくなってしまう。これらの構造とメカニズムについてそれなりの認識があれば、憤激し弾劾するのではなく、寛容な理解を示すことになったであろうのに（映像がない限り、派手な映像がない限り、ニュースとして取り上げないという可視的なものの優位は、一種の検閲を結果することになる）。ジャーナリスト的な物の見方の第二の特性は、結論にいたる経路よりも結論（と彼らが考えるもの）を重視する傾向である。今でも覚えているが、『国家貴族』という、十年間の研究の総括である私の著作が出たとき、あるジャーナリストがグランゼコル[*44]についてのテレビの討論番組に出て欲しいと言ってきたことがある。同窓会の会長が「支持」の側、私が「批判」の側から発言するようにというのだが、私が出演依頼を断る理由がどうしても理解できないようであった。これと同じで、本書に噛みついてきた「大物」ジャーナリストたちは、ここで用いられている方法（とりわけ、ジャーナリズムの世界を界として分析する方法）を脇に置いてしまい、ところどころで喧嘩を売りながら月並みな意見を並べ立てた本に――そうと意識さえせずに――矮小化しているのである。

そこで、さらなる誤解を招くことになるかもしれないのを覚悟のうえで、どのようにしてジャーナリズム界が政治界についてのきわめて特殊な見方――ジャーナリズム界の構造と、その中で形成されるジャーナリスト固有の利害関係に由来する見方――を作りだし、押し付けているかを示すことによって、本書の方法をもう一度説明してみようと思う。

ジャーナリズム、特にテレビのように、絶対に退屈させてはいけない、何としても楽しませるのだという強迫観念が支配する世界では、当然のことながら政治はプライムタイムからはできるだけ外すべき始末の悪いテーマとなる。刺激に乏しい、それどころか気の滅入る、扱いにくい番組だから、なんとかしておもしろくする必要があるというわけである。そこでアメリカでもヨーロッパでも観察される傾向だが、論説記者やルポルタージュ記者は敬遠して、お笑いタレントをキャスターにすることになる。情報、分析、突っ込んだインタヴュー、専門家どうしの討論、あるいはルポルタージュを犠牲にして、単なる娯楽、特にいつでも取り替えられる御用達のゲストたち（私がその何人かを名指しで挙げたことが許し難い犯罪とされたのだった）の間のトークショーという無意味なおしゃべりが横行することになる。こうした作りものの討論の中で何が言われているのか、特に何を言ってはいけないのかを理解するためには、アメリカで「パネリスト」と呼ばれている者たちを選別する際の条件を分析する必要がある。まず、いつでも出演できる、つまりいつでもテレビを最優先するものでなければならない。それだけでなく、ルールに従わなければならない。つまりどんな問題についても話す（これはまさにイタリアで「トゥットロゴ」と呼ばれている者の定義である）、そして全ての質問、ジャーナリストが問うどんなに突飛な、どんなにどぎつい質問にも答えられなければならない。また、どんなことでも受け容れなければならない。つまり、テレビに出演して「メディア的」知名度に伴う直接的間接的な利益（報道機関内での威信とか、高額の謝礼付きの講演依頼とかいった利益）を確保するためとあらば、どんな譲歩（テーマ、他のゲストの人選、等々についての）でも、どんな妥協でも受け容れなければならない。そして特に、アメリカはもちろん、ヨーロッパでも段々そうなっているのだが、パネリストを選ぶためにプロデューサーが行なう面接テストで、自分の意見を気の利いた言葉で単純明快に表明できることを示さなければならないのである。複雑な知識に足を取られるのは禁物なのだ（まさに格言にあるように The less you know, the better off you are.「知らなければ知らないほど値うちがある」のである）。

しかしながら、視聴者がそれを期待しているという理由でこのようなデマゴギー的な単純化政策（知らせよう、あるいは、楽しませつつ教育しようという民主的な意図とは正反対の政策）を正当化するジャーナリストは、実は彼ら特有の性向、彼ら特有の見方を視聴者に投射しているにすぎない。退屈させてはいけない、つまり視聴率を下げてはいけないという強迫観念から、討論よりも口論を、対話よりも言い争いを優先させている。財政赤字とか減税、対外債務といった討論の真の争点についてそれぞれの論点を付き合わせるのでなく、人間どうしの（特に政治家どうしの）衝突を際立たせるためにあれこれ演出するのである。彼らの職業的能力は、客観的な観察と調査にではなく、もっぱら親密な付き合いと打明け話（さらには噂や陰口）に基づいた政治の世界についての知識から成っている。それゆえ彼らは全てを自分が得意の土俵に持ち込む傾向がある。つまり、ゲームの争点よりもゲームとプレーヤーを重視する。つまり、議論の内実よりはまったくの政治的戦術の問題を、発言の内容よりも政治界の論理（政治家の間の連携、同盟、あるいは抗争の論理）の中でその発言が持つ政治的効果を重視するのである。（ときにはまったく人為的な対立を作り出し議論の中心に据えることさえある。前回、九七年の総選挙がその一例である。左右両勢力間の討論を二人でやるのか——野党のリーダーのジョスパン対右派勢力の首相ジュッペ——四人でやるのか——ジョスパン＋共産党党首ユー対ジュッペ＋中道派党首レオタール——が問題になったが、これは中立性を装いながら、左派政党間の対立をあわよくば顕在化させることによって保守政党を利することを狙った政治的押し付けであった。）政治の世界においては、ジャーナリストは非常に大きな影響力を持ってはいるが、この世界に全面的に参加している行為者ではないという曖昧な位置にある。政治家にとって欠かせない象徴的サービスを提供することができるが、しかし自分たちどうしではそれができない（文学の世界は別で、今日、ジャーナリスト兼作家たちは集団で「持ちつ持たれつ」[*45]の褒め合いごっこをやっている）という曖昧な位置にある。そのために彼らは、テルシテス的見方に傾きやすく、おのずと不信の哲学を実践することになりやすい。つまり、利害をまったく超越した主張、もっとも誠実な信念に対しても、政治界における位置に結び付いた利害（たとえば政党や派閥の中でのライバル関係等）のうちに、その動機を探そうとするのである。

　こうしてジャーナリストは、自分の書く政治評論やインタヴューで政治家に向ける質問の中で、シニカルな政治世界観――政治の世界とは、信念なき野心家たちの、対立し競争する関係の中での利害に基づいた策略が交錯する闘技場であるとする見方――を作り出し広めることになる（ついでに指摘しておくが、政治家のブレーンやコンサルタントがジャーナリストのこうした傾向を助長する働きをしている。政治的に成功するためには、ジャーナリズム界の要求に適合する政治的マーケッティングがますます必要になっているのだが、政治家が抱えるスタッフやコンサルタントは、用意周到に組織される売り込み作戦――かならずしもシニカルとは言い切れない――で政治家を支援する役割を担っている媒介者である。政治的マーケッティングの格好の場は「プレスクラブ」のような大規模なテレビ政治番組だが、これらは政治家とその名声を作り出すためにますます力を発揮する「コーカス」[*46]となっている）。このようにミクロな政界だけに注意を集中する結果、その狭い世界で生起する出来事とその世界に起因する結果だけに注意を集中する結果、公民《パブリック》の視点との断絶が生ずることになる。少なくとも、政治的な決定が自分たちの生活と社会に及ぼすであろう現実の影響について高い関心を持っている者たちの視点との断絶が生ずることになる。この断絶は特にテレビのスター・ジャーナリストの場合、経済的・社会的特権と比例する社会的距離のために強化され倍加する。実際、よく知られているように、六〇年代以来、アメリカと大多数のヨーロッパ諸国において、メディアのスターたちはきわめて高額の収入――ヨーロッパでは一〇万ドルあるいはそれ以上、アメリカでは数百万ドル(18)――の他、トークショー出演、講演旅行、新聞への定期的寄稿、様々な業界団体の集まりの「司会者」役等で、法外なと思われることも多い謝礼を受け取っている。これら花形ジャーナリストが、資本主義的小企業経営者として、テレビに絶えず出演する(これは講演や「司会者」市場での自分の株価を維持するために欠かせない)ことによって自分の象徴資本を保持・増大させることに血道を上げている一方で、ジャーナリズム界のますます増大する下層プロレタリアートは身分の不安定ゆえに自己検閲を余儀なくされるようになっている。こうして、ジャーナリズム界における権力と特権の分布構造の不均衡が拡大し続けている。(19)

以上の効果に私が既に指摘したジャーナリズム界の中の競争の効果が相乗的に作用する。たとえばスクープの強迫観念と、最も新しい最も入手しがたい情報を理屈抜きで有り難がる傾向である。あるいは、最も斬新で最も穿った、つまりは最もシニカルな解釈を徹底的に競い合う傾向である。さらに、問題の推移について、すぐに忘れられてしまうような予言を競い合う傾向である。スポーツの賭けと同じようにお手軽な、こうした予想や診断はその責任を問われることがまったくない。ジャーナリズムの報道には一貫性がまったくないし、めまぐるしい大勢追随を繰り返していくだけであるから、どんな予想も診断もすぐに忘れられてしまうからである。

このようなメカニズム全てが相俟って脱政治化を、より正確に言えば政治に対する幻滅を生み出している。重要ではあるけれども外見上は退屈な政治問題が浮上してくるたびに、とにかく娯楽を優先させる方針によって、別に意図するまでもなく、人々の注意を、見せ物的側面（またはスキャンダル的側面）に向けてしまうのである。あるいはもっと隠微なやり方だが、「時局問題」を（シンプソン裁判がその典型的なケースだが）犯罪報道とショーの中間に位置する、おもしろおかしい出来事のつなぎ合わせに引き戻してしまうことになる。どんな出来事でも、たまたま同時に起こったというだけで何の脈絡もなく（トルコの地震と緊縮予算案とスポーツの勝敗とセンセーショナルな事件の裁判といったふうに）つなぎ合わされるから、全てが前後の関係、原因と結果から切り離され、まさに今の瞬間目に映るものにすぎなくなる。なんの意味もない不条理そのものになってしまうのである。

感知することができない変化、つまり、大陸移動と同じように、当座は気づかれることがない、しかし、時が経つに連れてはじめてその効果が明らかになる過程に対しては、ジャーナリストは関心を持たない。そのことがまた構造的健忘症、つまり競争が助長する、場当たり的な思考の論理と重要なことと新しいこと（スクープと「新事実」）の同一視の効果を倍加する。こうしてジャーナリストは世界について瞬間主義的で断片主義的な表象を作り出すことになる。時間がない、特に関心と事前の知識（彼らの情報収集の作業は多くの場合、同じ問題を扱っている他の報道記事を読むことに限られる）を欠くために、ジャーナリストは出来事（たとえば校内暴力事件）をその背景となっている関係システム（たとえば家族構造の状態、その背景の労働市場、さらにその背景の租税政策等）の中に位置づけ直し、そうすることによって一見しては不条理なそれらの出来事の真相に迫ることができないのである。ジャーナリストはこの点で政治家と相補う関係にある。政治家、とりわけ閣僚たちには、効果がすぐには見えない施策を犠牲にして、短期的な政策を打ち出してジャーナリストの力を借りて「アナウンス効果」を狙う性向があるのである。

このように脱歴史化された、そして脱歴史化の働きをする見方、細分化された、そして細分化の働きをする見方はテレビのニュース番組が映し出す世界像の中にパラダイム的に具体化して現れる。結局は全て同じと思われてしまう外見上不条理なエピソードの連続である。悲惨な人々の延々と続く列また列である。今日はザイール、昨日はビアフラ、明日はコンゴというように、説明なしに現われ解決なしに消えていく、つまり、政治的な必然性をまったく抜き去られてしまっているので、たかだか漠然とした人道的な関心しか呼び覚まさない出来事の連鎖である。歴史的なパースペクティヴに置かれることなく継起するこれら互いに無関係な悲劇は、竜巻や山火事、洪水等自然災害と区別がつかなくなる。自然災害は慣習とはいわぬまでも、ジャーナリズムに伝統的な題材であり、特に絵になるし、追いかけるのに費用もかからないので「ニュース」の定番であるが、その被害者たちは脱線事故やその他の事故の犠牲者と同様に、政治的な連帯や公憤を巻き起こすことはない。

こうして競争から生ずる必要と職種固有の慣習の相乗効果によって、テレビは暴力と犯罪、民族戦争と人種主義的憎悪に満ちた世界像を作り出すことになる。脅威に満ちた環境を日毎に映し出すことになる。見せられる側からすると、理解しがたい、だから不安な、何をおいてもそこから逃げ出し、身を守らなければならないという思いに駆られる環境である。何も理解できないし何もすることができない災害の不条理な連続が日毎に映し出されるのだ。こうして反抗と憤りではなく逃避と諦めを勧めるペシミスティックな歴史哲学が少しずつ浸透するのである。人々を動員し政治化する哲学ではない。排外主義的な恐怖を煽る哲学である。同様に、犯罪と暴力は増大する一方という錯覚がさまざまな不安症と恐怖症を蔓延させ治安最優先的な見方を広めることになる。世界は一般人の手の届かないところにあるという思いは、政治はプロの仕事だという印象と結び付く。選手と観客の間に越えがたい断絶を作り出すハイレベルのスポーツと同じである。こうして、特に政治意識の最も低い人々の間に、脱政治参加の宿命論的な気分が広まっていく。いうまでもなくこれは既成秩序の維持のためには好都合である。

テレビ制作者――彼らは労働条件において、(最大限の視聴率の追求、したがって「もっと上手に売る」ための「プラス・アルファ」の追求という)目的において、そして思考様式において、広告業界の制作者と変わらなくなっている――の職業的シニシズムは視聴者の能動的なシニシズム（「チャンネルの早回し《ザッピング》」はそのよい例）によって抑制され解毒されるという説が「ポストモダン」と称する「文化批評」で横行しているが、これを本気で主張するためには、民衆の「抵抗」能力（否定することはできないが限界のある能力）に対する牢固たる確信を抱く必要がある。だが、テレビ制作者と広告制作者による人心操作のシニシズムが生み出す「アイロニカルでメタテクスト的な」メッセージを三次あるいは四次的に批判的に「解読」するという、反省性の競い合いに加わるだけの能力が万人にあるとする（「ポストモダン」な解釈学者たちの）主張は、ポピュリズムの衣を被った学校《スコラ》的な幻想の最も有害な形態にほかならない。

一九九七年六月　パリ

原注

（1） 本書は、一九九六年五月にパリ・プルミエール局によって放送されたコレージュ・ド・フランス放送講義のために一九九六年三月一八日に撮影収録された番組を文字に起し、加筆修正したものである（「テレビジョンについて」と「ジャーナリズム界とテレビジョン」）。コレージュ・ド・フランス―CNRS視聴覚制作部）。私は、この二つの講義のテーマをより厳密な形で紹介している論文（当初、『社会科学研究紀要』のある号の序論として公刊された）のテクストを補遺に再録した。[Bourdieu, Pierre, "L'Emprise du journalisme", *Actes de la recherches en sciences sociales*, 101-102, mars 1994, p. 3-9.]

（2） 例えば、ジャン＝マリー・グルモーとダニエル・オスターの『文人、作家とボヘミアン』という著作を読めば、文学者の世界について作家自身が作り出す自生的社会学の構成要素、おびただしい数の観察や覚え書きの例を見ることができる。しかし、この自生的社会学には、自分たちの敵方あるいは文学者の世界で自分たちの気に入らないものたちだけを、客観化する努力をしているという意味で、原理は、不在である（cf. Jean-Marie Goulemot et Daniel Oster, *Gens de lettres, Écrivains et Bohèmes*, Paris, Minerve, 1992）。しかし、前世紀の文学界の運動の分析の行間に、今日の状況との相同性を直観することによって、今日の文学界の隠れた運動の描写を読むこともできる（例えば、Philippe Murray, "Des règles de l'art aux coulisses de sa misère", *Art Press*, 186, juin 1993, p. 55-67 が行なっている）。

（3）アメリカのジャーナリズムにおける「客観性」という概念が、体面を気にして、大衆紙の単なる事件報道と自己区別《ディスタンクシオン》しようとする新聞の側の努力の産物として出現したことについては、M. Scudson, *Discovering the news*, New York, Basic Books, 1978 を見よ。フランスのケースにおいて、文学界に惹きつけられ書くことに関心を持つジャーナリストと、政治界に近いジャーナリストの間の対立が、大衆紙と堅い新聞の間のこの分化の過程、そして一つの固有の「職《メチエ》」（特にリポーターという職）の創出に、いかに貢献しえたかについては、T. Ferenczi, *L'invention du journalisme en France : naissance de la presse moderne à la fin du XIXe siècle*, Plon, 1993 を読むことができる。フランスの新聞や週刊誌の界においてこの対立が取っている形態、そしてこのメディアの間の対立と、様々な読書の仕方と、様々な読者の間の関係については、P. Bourdieu, *La Distinction, Critique sociale du jugement*, Paris, Les Éditions de Minuit, 1979, p. 517-526（石井洋二郎訳『ディスタンクシオン』II、藤原書店、三〇二〜三一四ページ）を見よ。

（4）文学界においてと同様、外的な基準、すなわち販売的成功による序列は、内的な基準、ジャーナリズム的な「堅さ」に従った序列を、おおよそ逆転させたものである。そして、交差配列的な構造（文学界、芸術界、法律界の構造もそうである）にしたがった分布のこの複雑さは、界全体を組織している「商業主義的」極と「文化的」極の対立が、「下位界《スー＝シャン》」〔それらの下部の界〕の内部に再出現するがゆえに倍加する。活字メディア、ラジオ、テレビなど、それぞれの報道媒体は、それ自体が一つの「下位界」として機能し、(a : b = b1 : b2 といった形の) 一連の入れ子的な構造を形成する。

(5) まったく恣意的に押し付けられる時間的な拘束によって、実際には知覚できない構造的な検閲が、テレビ出演者の発言にしばしば課されているのである。

(6) 周知のように、今日、ジャーナリズム界の範囲を越えて、しばしば「古い」というレッテル貼りが、(生産物の内容についての) 批判的な議論にとって代わってしまっている。ほとんど内容のない前後という対立に還元されるがゆえに、論証する必要のないこの評価原理は、最後に来るもの、つまり最も若い者を議論の余地なく有利にする。それゆえ、売らんかなの焦りに駆られた挑戦者たちは、この評価原理を利用することに利益があるのである。

(7) このためには、ジャーナリストにとっての問題 (例えば、TF1とアルテのどちらを選択するかなど) を、例えば次のように、ジャーナリズムで使われるような用語で表現すればよい。「文化とテレビ——共存《コアビタシオン》と隔離《アパルトヘイト》の間で」(D. Wolton, *Éloge du grand public*, Paris, Flammarion, 1990, p. 163)。ここで弁明させてもらうが、科学的分析にはとっつきにくく手間のかかる点がある。しかしそれは、対象を妥当なあり方で科学的に構築するための条件として、日常言語、とりわけジャーナリズムの言語における与件的な構築物および前提と断絶することが不可欠であるがゆえだということを理解していただきたい。

(8) 文化に関する「産業的」生産が出現して以来確立された伝統によって、ジャーナリズムという職業に生存のための手段を求めることが可能になった文化的生産者がいるが、それらのものは、境界のあいまいな「知識人兼ジャーナリスト」というカテゴリーの中で、別に考える必要があるだろう。ただし、専門的な界の上に及ぶ（統制ととりわけ聖別の）権力を求めるもの（ジダーノフ官僚）は、さらに別である。

（9）現代芸術に対する昨今の数多くの異論は、それらの主張はともかくとして、前衛芸術を人民投票に付したら得られる審判、あるいは同じ事になるが、世論調査に付して得られる評決と、ほとんど変わらない。

（10）録音された発言や、印刷されたテクストをそのまま再録することは、ただちに「さらし者」効果を引き起こす、あるいは戯画化効果を生み出すという恐れがあるので、それを避けるため、我々の論証に力を与えるはずの資料の複製収録をあきらめたことは、度々であった。もし、そうしていれば、馴染みの文脈からわざわざ取り出すことによって、その文脈から引き離す効果が生まれ、それによって、日常的な視線のルーティーンからは逃れ去るものを月並みでなくすることができ、読者は、似たような例を思い浮かべることができたであろう。

（11）このテクストは、スポーツ研究のためのベルリン哲学協会一九九二年年次大会（一九九二年一〇月二日・ベルリン）において、発表された報告を短縮したものである。［初出：Bourdieu, Pierre, "Les Jeux olympiques : Programme pour une analyse", *Actes de la recherches en sciences sociales*, 103, juin, 1994, p. 102-103.］

（12）スポンサーには、製品の種類ごとに、供給を独占しその役割を四年間継続する、コミュニケーションの完全「パッケージ」が提案された。七五試合のそれぞれの競技ごとに、競技場での広告、公式供給者の資格、マスコットとシンボルマークの使用、そして独占販売代理権《フランチャイズ》が含まれている。各スポンサーは、一九八六年には平均七〇〇〇万フラン（当時のレートで約一四億円程度）で、「他のあらゆるスポーツよりもはるかに重要な」「世界最大のテレビ・イヴェント」で独占的に商品を呈示できるという分け前をえたのである（V. Simson et A. Jennings, *Main basse sur les JO*, Paris, Flammarion, 1992, p. 137）。

（13）ハイレベルの競争が行なわれるスポーツでは、様々な生物学や心理学を動員して、人体を効率的で限界のない機械に変えることを目指した産業技術がますます用いられるようになっている。ナショナルチームの間と国家間の競争の論理によって、禁止されている興奮剤の使用と妥当性の疑わしいトレーニング方法が、絶えずエスカレートしていくのである。（J. Hoberman, *Mortal Engines. The Science of Performance and the Deshumanization of Sport*, New York, The Free Press, 1992 を参照）。

（14）Pierre Bourdieu, *Les règles de l'art*, Paris, Éditions du Seuil, 1992（石井洋二郎訳『芸術の規則』Ⅰ Ⅱ）を参照。

（15）韓国政府が様々な人物に贈ったプレゼントの金額が、オリンピック「ショウ・ビジネス」の様々な登場人物の現実の価値をあからさまに示す指標になっている。ＩＯＣメンバーには一一〇〇ドルで、選手には一一〇ドルであった（前掲 V. Simson et A. Jennings, *Main basse sur les JO*, p. 201 参照）。

（16）例えば、興行《スペクタクル》の制作と興行《スペクタクル》の映像の制作に携わるエージェントが従わなければならない原則を定めた一種のオリンピック憲章（オリンピック委員会の指導者たちは、利害の超越の要請を自分たちが尊重させるべき側であるはずだが、それを侵犯することによって一番利益を得ている。言うまでもなく彼らが先ずもって採択すべきである）を考えることができるだろう。あるいは選手（例えば、ウィニング・ランをする際に国旗を身にまとうなどのナショナリズム的表現を禁止するなど）、さらには、彼らの壮挙についての映像を制作し実況解説する人々も従わなければならない一種のオリンピック宣誓を考えることができるだろう。

（17） この後記は本書英語版のために書かれたものである。フランス語では、*Contre-feux*（1998, pp. 76-84）に収録された。

（18） James Fallows, *Breaking the News. How Media Undermine American Democracy*, New York, Vintage Books, 1997.

（19） Patrick Champagne, "Le journalisme entre précarité et concurrence", *Liber*, 29 décembre 1996, pp. 6-7.

訳注

＊1　アメリカの黒人フットボール・プレーヤー、シンプソンが白人の前妻とその男友達を殺害した容疑で逮捕された。一九九四年六月に始まった予備審問の一部始終はテレビで実況中継された。その過程で、家庭内暴力、人種偏見、マスコミの報道姿勢などが大きな論議を巻き起こした。

＊2　ゴダールによる映画 "Tout va bien" (1970), "Ici et ailleurs" (1975), "Comment ça va" (1975)。

＊3　Jean-Luc Godard, "Enquête sur une image", interview 1972, in Alain Bergala (ed.) *Jean-Luc Godard par Jean-Luc Godard*, Paris : Chaiers du cinéma-Éditions de l'Étoile, 1985, p. 350-362.『万事快調』には、当時ベトナム反戦運動に加わっていた女優ジェーン・フォンダが出演しているが、その後、彼女とゴダールの間でトラブルが起る。ゴダールは、『ジェーンへの手紙』という映画の中で、彼女の北ベトナム訪問時に撮影された写真とその使われ方を批判した。

＊4　Jean-Luc Godard, "Pour Mieux écouter les autres", interview 1972, in *ibid.* p. 366.

＊5　フランスでは、国立の各高等教育機関のほかに国立科学研究機構（CNRS : Centre national de la recherche scientifique）というシステムがあり、全国で理科系・文科系を問わず、多くの研究者が、ポストに就いている。

＊6　アメリカのテレビでは、NBC (National Broadcasting Company)、ABC (American Broadcasting Company)、CBS (Columbia Broadcasting System) の三社が三大ネットワークを構成している。

＊7　Bouygues は、建設業を中心に、流通、情報通信など広範な事業範囲を持つフランスの有力企業グループであり、TF1局の株式の四二パーセントを所有している。フランスのテレビ局については、訳者解説を参照。

＊8　象徴暴力 (violence symbolique) は、ブルデューの最も重要な概念の一つ。象徴暴力は、それを被るものの側にその作用の前提となる「身体化された構造」(知覚図式や様々な性向などの**ハビトゥス**) があらかじめ形成されていることを前提として、直接的な物理的暴力以外の手段によって、またしばしば構造的な力関係の格差を基盤として、作用する暴力である。この意味で、この暴力は、その力が相手に対する恣意的な攻撃ないし支配の行使であるという意味での暴力であるということが、(それを被る側だけでなくしばしばそれを行使する側にとっても) 隠蔽されている限りにおいて、とりわけ暴力としての効果を発揮する。具体的には例えば、セクシャル・ハラスメントの場合などを想定すると理解しやすいだろう。

＊9　Pierre Bourdieu (dir.), *La Misère du monde*, Paris, Éditions du Seuil, 1993、ブルデューの指導下に二三名の研究者が協力した九五〇ページにも及ぶ大著 (藤原書店近刊)。支配的なメディアが取り上げず、政治家等の「エリート」たちが聞こうとしない人々の声を、社会学者によるインタヴューによって取り上げ、分析を付したものをまとめたもの。フランスでの大統領選挙を前にして、大きな反響を呼んだ。

＊10　第三共和政以来のフランスの共和政は、国家と宗教の分離 (世俗性《ライシテ》) を根幹の原則として

いる。それゆえ、私立学校（ほとんどがカトリック教会によって設立されている）を除く、フランスの公教育の場は、完全に非宗教的《ライック》なものでなければならないとされている。髪の毛を覆うスカーフを教室で着用したとして、一九八九年秋、パリ郊外クレイユのコレージュ（公立中学校）で、イスラム教徒の女子生徒三名が停学処分を受けたことが報道された。人種差別ではないかという批判に対して、校長はライシテの原則を強調した。当時のジョスパン国民教育大臣は、生徒が学校において宗教的なシンボルを身につけることは話し合いによって止めさせなければならないが、授業への出席を禁止することはしてはならないという判断を下した。その後行政に関わる憲法上・法律上の問題を審議する国務院《コンセイユ・デタ》は、特定の宗教を見せびらかし宣伝する性格を持たない限りという条件を付して、公立学校における宗教的な服装は認められるという見解を出している。しかし、その後も、スカーフを着用した生徒に対する教師の授業拒否、各地の学校の判断による生徒の退学処分などが起きている。その際、女子生徒たちが、フランス国内に浸透を図るイスラム主義（いわゆる「原理主義」）グループによって背後で操られているという言い方がなされることが多い。ちなみに、この問題に関連し、アラン・フィンケルクロート（Alain Finkielkraut）、レジス・ドブレ（Régis Debray）、エリザベート・バダンテール（Élisabeth Badinter）らは、（ナチス・ドイツへの妥協主義的対応を想起させる）「共和主義教育のミュンヘン」という表現を使ったアピールを『ヌーヴェル・オプセルヴァトゥール』誌上で発し、「普遍性に帰属すべき学校」におけるライシテは、「規律」と「勇気」を必要とする「闘い」であると訴えた。もちろん、生徒の学校からの排除を正当化するこのような議論に対する批判は、様々な立場から幅広くある。以上のように近年「スカーフ問題」は、「移民問題」、イスラム、異なる文化への寛容、教育・学校の問題、共和政と宗教といった様々な問題に関わるデリケートな問題となってしまっている。ブルデュー自身は、本書の第Ⅱ部（九二ページ）でこの問題に言及している。ブルデューは、「イスラミック・スカーフ」といわれている〝もの〟は、ものそれ自体としては（イスラム教徒でない）他の人々がショールとして日常的に使っている布に過ぎないと述べている。（確かにショールその他の個人の服装の是非を問題とすることは通常ではありえない。）つまり、ブルデューは、人々が日常的に身につけている服装を、むしろ特定のカテゴリー化によって、「イスラミック・スカーフ」（日本でいわれる呼び方では「ヴェール」）として、作り上げてしまうことそのものを問題としているのである（つまり、ブルデューは「スカーフ」という用語を使うこと自体がそのような特定の文脈を構築してしまう、まさにフーコーの言う言説レベルで作用する「権力」の作用の中にいると考えているのである）。実際、フランス国内においてイスラム教徒の女性が着用している布は、イスラム諸国でのヴェールとは全く違う。髪の毛を覆うだけであるし、黒い布ではなく、様々なデザインの柄の布が使われることが多い。そして、そもそも宗教的なものとされる際の意味付けも異なる。フランスにおけるイスラム教徒女性にとっては、ショールの着用は、むしろ、イスラム教徒としてのアイデンティティを、ある集団への帰属というより個人として表現する手段であると言われることがある。

＊11　**界または場**（champ、英語では field）の概念は、ブルデューの最も中心的な概念の一つ。界とは、基本的にはその界に独自の規範を備え、相対的に自律的な運行規則を観察することのできる社会集団を指す（例えば文学界、ジャーナリズム界等）。しかし、それとともに、複数の界が相互に効果を及ぼし合うことによって成立する領域そのものを一つの界として分析することも

可能である。例えば、ブルデューは、我々が通常「支配層」や「エリート」という言葉によって思い浮かべる人々によって構成される界を指すために「権力界」(champ du pouvoir)という用語を用いるが、この時「権力界」は、一方では、様々な資本をもった「エリートたち」の相対的に自律的な界として分析しうるし、他方では「経済的な支配者の界」や「政治界」、「官界」、「メディア界」、「知的界」などが相互に影響を及ぼし、あるいは対立しあう界として分析することができる。また、ある界の内部がさらにいくつかの下位界《スーシャン》に分かれると考えることもできる。

*12 ゴダールはFR3(現在はフランス3)で一九七〇年に『6×2』というテレビ映画を作っている。またゴダールはヴェルヌイユ(Henri Verneuil)の名をブルジョア的な、通俗的映画監督としてあげている。

*13 訳者解説参照。

*14 ブルデューは、ここでテレビ、ラジオ、新聞雑誌等あらゆるメディアに頻繁に登場して、政治、「社会問題」、その他についてコメントする人々を挙げている。アラン・マンク(Alain Minc)は『ル・モンド』の監査委員会代表でもある経済人。ジャック・アタリ(Jacques Attali)は社会党のミッテラン大統領の顧問やBERD(ヨーロッパ復興開発銀行)総裁等を努める一方多数の著作を持つ。ギイ・ソルマン(Guy Sorman)はジャーナリスト。リュック・フェリー(Luc Ferry)はカーン大学哲学教授で『エクスプレス』の定期寄稿者。アラン・フィンケルクロート(前出*10参照)は哲学者でありフランス・キュルチュールのラジオ番組『レプリック』を担当している。ジャック・ジュリアール(Jacques Julliard)は社会科学高等研究学院の歴史学教授でかつ週刊雑誌『ヌーヴェル・オプセルヴァトゥール』編集次長およびユーロップ1のラジオ番組でのコメンテー

ターなどを務める。クロード・アンベール（Claude Imbert）は、週刊雑誌『ル・ポワン』の編集長。これらの人々が属する権力界、メディア知識人の界等について詳しくは、訳者解説を参照。ちなみに、この中で、アタリ、フィンケルクロート、ジュリアールらは、「左翼」に属し、それ以外は右翼（政治的には保守派）であると言われているが、それはまったく表面的なものでしかない（あるいは雑誌の分類でいえば『ヌーヴェル・オプセルヴァトゥール』が「左翼」の知識人向け雑誌で、『ル・ポワン』が「右翼」のビジネス向け雑誌であると言われているが、中身はある意味でほとんど変らない）ということは、以下にブルデューが示していく通りである。

＊15　Jacques Julliard, *L'année des dupes*, Les Éditions du Seuil, 1996.

＊16　ニコラ・サルコジー（Nicolas Sarközy）、右派（保守系）政党のＲＰＲ（共和国連合）の政治家、一九九三年から九五年のバラデュール内閣で、官房長官兼予算担当大臣を務めたバラデュールの側近。

＊17　クリスチンヌ・オクレント（Christine Ockrent）は、人気女性キャスターで現在『エクスプレス』誌主幹。セルジュ・ジュリ（Sege July）は『リベラシオン』会長。フィリップ・アレキサンドル（Philippe Alexandre）は、政治ジャーナリストでラジオ局ＲＴＬの論説委員。この三人は、オクレントの司会で、毎週その週の「政治ニュース」について討論する番組を持っている。ちなみに、この番組では、終りに三人がそれぞれ「今週の一冊」という本の紹介をするが、そこで紹介されるのは同僚ジャーナリストたちの著作がほとんどで、時には、お互いの著作を紹介し、誉めあったりすることさえある。ジャーナリストの中での「内輪話し」（あるいは宣伝）を、何のてらいもなく「公共」の電波に載せているわけである。「人形劇《ギニョール》」は、フランスで人気のあ

る政治諷刺番組で、政治家あるいは著名人を真似た人形たちが登場し、短いコント（番組全体で五分間程度）を繰り広げる。この人形劇に前述の三人の「討論」がパロディとして取り上げられていることを述べている。

＊18　Kabyle　アルジェリア北部の伝統的に豊かな地方、ベルベル語地域。ブルデューのアルジェリア関連研究の主要フィールドである。

＊19　一九九五年の冬、政府の国鉄改革案と社会保障制度改革案に反対して、国鉄・公共交通を中心とする公的セクターの労働者が一一月下旬から一二月中旬にかけてストに突入し、さらにストを支持し政府に反対するデモがフランス全土、特に地方都市に広がった。社会保障制度改革案の中に、運転士は五〇歳をすぎれば年金を満額受け取って、年金生活に入ることができるという特例措置の見直しが示唆されていたことが、運転士の猛反発をかった。この意味で、六八年の「五月革命」以来の規模のこの大ストライキは、特定の社会的カテゴリーの既得の権利を守ろうという動きが出発点にあることは確かだが、それが一般世論の反発を呼ぶのではなくてむしろその積極的な支持を受けたのである。政府は、特例措置の見直しはありえないことを明言し、国鉄改革案を撤回し、社会保障制度改革案の再検討を行なうことを表明した。このストライキとそれを巡るブルデューの関わりについては、本書と翻訳同時刊行が準備されているブルデューの著作『市場独裁主義批判』あるいは、訳者解説で言及する訳者の諸論文を参照。

＊20　Jean-Marie Cavada　討論番組の司会等で著名。教育放送の La Cinqième（第五チャンネル）の会長を経て、現在ラジオ・フランス会長を務める。

＊21　Alain Peyrefitte　政治家、ＲＰＲの国会議員を務めた。作家、アカデミー・フランセーズ

会員。『ル・フィガロ』編集委員会代表。

＊22　訳者解説参照。

＊23　ブルデューは、個人や集団の持つ、経済的、政治的、文化的、社会的な様々な力・能力を、客観的に蓄積され、量的に把握しうる〝もの〟、人々がそれにもとづいて投資を行ない、増殖をはかろうとするものとして分析するために、経済資本、文化資本、社会資本、政治資本、象徴資本（ある人が、経済資本、社会資本、文化資本等の増殖の論理から、相対的に自律的な論理によって、他の人々からえていると考えられる承認を、象徴資本と考えることができる）等の概念を用いる（さらにこれらの資本は、転換により特定の換算率のもとに互いに形を変えたり、世代を超えて相続されたりする）。この時、人々や集団のあらゆる決断、行動、個人や集団間の親和性等を条件付けるものとして、個人や集団の保持する資本の量と構造（保持する異なった資本ごとの比重）を考えることができる。それゆえ、社会空間や界の客観的な構造とそこにかかわる行為者（個人や集団）の資本の量と構造さらに行為者が自らの位置について持つ表象の関数として、行為者の戦略を分析することができる。

＊24　Williams, Raymond, *Culture and Society, 1780-1950*, New Yoirk : Columbia University Press, 1958.

＊25　ガン撲滅のための研究資金を集めるキャンペーンを行なうチャリティー番組。

＊26　否認（名詞：dénégation）する（動詞：dénier）という表現は、精神分析での用法を踏まえて使われている。自らが、抑圧されている欲望や感情を表明していながらそれを否定することである。ここでは次のような意味である。ジャーナリストが持つ表象は、ジャーナリストが自らの位置を明示的に意識的に表現しようとしているものではない。しかし、そうであるからこそ、

その表象は個々のジャーナリストが意識せずに持っている知覚図式・カテゴリーによって強く決定されたものとなってしまっている。すなわち、結局は、ジャーナリストの客観的な位置を反映したものとなっているという意味である。これに対して、自生的な知覚図式の批判的な対象化・客観化を行なった上で、自生的表象を単純に否定するのではなく、それを説明することを可能にするものとして、理論的に構築されるべきものが学問的表象である。

＊27 前出の『エクスプレス』主幹のクリスチンヌ・オクレントのこと。

＊28 前出の哲学者レジス・ドブレが提唱し、「メディオロジー」を主張する研究者グループが作られている。

＊29 前出のアラン・フィンケルクロートと、哲学者のアンドレ・コント＝スポンヴィル（André Comte-Sponville）の名が挙げられている。ここで、学校でのショールの着用といわれている問題は、前出の「スカーフ」問題である。

＊30 ブルヴァール演劇とは、パリのセーヌ右岸の商業地区に近い、グラン・ブルヴァールに沿った劇場で上演された劇。保守的な演目、比較的高額な入場料など、ブルジョア的な社交の場としての意味を持ち、前衛演劇とは、劇の内容（前衛演劇は難解で実験的な内容）、上演される劇場の場所（セーヌ左岸）、観客の社会的構成等（ブルヴァール演劇の比較的年齢層の高いブルジョア的な客層に対して、前衛演劇では、若いインテリ層が多い）あらゆる点で対立する。前出『ディスタンクシオン』I三五八〜三五九ページ参照。

＊31 Bernard-Henri Lévy は、自らが多数の著作を持つほかに、文学賞受賞者を多数輩出した伝統ある出版社グラッセ社の編集顧問を努め、雑誌 *Les règles du jeu* を編集発行し、さらに映画を撮り

テレビドラマにも出演するなど、文字通りタレント振りを発揮している。
＊32　前出のジャン＝マリー・カヴァアダ。
＊33　Guy Debord（1931-1994）は、思想家、政治活動家。映画などの芸術運動から出発し、一九五七年「シチュアシオニスト・インターナショナル」を結成する。その最も重要な著作 *La Société du spectacle*（木下誠訳『スペクタクルの社会』平凡社、一九九三年）は、一九六七年に刊行され、翌年の六八年「五月革命」を準備し、それを代表した思想として注目を集めた。その著作は、意識的に難解なスタイルで書かれているが、端的に言って、マルクスが商品の分析によって批判した論理が、現代社会における人間のあらゆる諸活動を支配して、幻影的なもの（スペクタクル）の支配を作り出している事態を、批判＝解体しようとする試みであるということができる。ブルデューが「シニカルで、批判的なものを無力化してしまう偽りのラディカリズム」と言っているのは、一般的にはポストモダンの諸潮流にかなりの程度当てはまるが、特に念頭に置かれているのはジャン・ボードリアール（Jean Baudrillard）であろう。
＊34　前出＊5参照。
参考文献――『現代思想』「特集 スペクタクル社会」二〇〇〇年五月号。
＊35　Bernard Pivot は、アンテンヌ2で、一九七五年から一九九〇年まで『アポストロフ』という番組を担当し、人気を博した。『アポストロフ』は、書物を紹介する「文化番組」をうたい、現実に『アポストロフ』でいかに取り上げられるかが新刊の小説やエッセイの売り上げを左右した。ピヴォは、現在は『ブイヨン・ド・キュルチュール』という文化番組を続けている。
＊36　第二次世界大戦中のナチス・ドイツ占領下でのドイツとの協力、あるいはドイツに対する

協力政権であるヴィシー政権との協力を念頭に置いている。

＊37　前出＊21参照。

＊38　ブルデューは、具体的な調査研究や、厳密な学問的手続きにもとづく議論を行なうことなしに、様々な「社会的・政治的問題」や「思想的課題」等を得々として論じる大学人やジャーナリストたちを、軽蔑的なニュアンスを込めて評論家《エセイスト》と呼ぶことが多い。

＊39　Front National（FN）　フランスの極右政党。一九七二年に結成され、七三年以降ジャン＝マリー・ルペンが党首として完全に実権を握る。ネオ・ナチ、カトリック原理主義等フランスの様々な極右勢力の結集を図るが、七〇年代を通じて、得票率一％に満たない全くの極小政党であった。八一年のミッテラン政権成立後、一方では現実の左翼政権の政治に対する幻滅、他方では、野党に転落した右派政党が左派政権攻撃にそれまでは極右の主張であった移民排斥キャンペーンを取り入れるなどの動きがあり、一九八二〜八三年以降、ＦＮは都市部を中心に急速に支持を拡大し、一九八四年のヨーロッパ議会選挙以後は、一〇％以上の得票率をえるようになり、フランスの現実政治に極右の動向が大きな影を落とすようになる。既成右派政党から、ＦＮに身を投じる者もでるようになり、九〇年代には南仏のいくつかの都市で、ＦＮが市長選挙に勝利するといった事態も起こった。しかし、近年、ルペンの起こした社会党議員に対する暴行事件に関する訴追、また幹部の間でのルペン派とそれに反対する勢力の間での分裂等によって、勢力は弱まっている。

＊40　ステファヌ・マラルメ（Stéphane Mallarmé, 1842-1896）は、今日、フランス文学史上、最も重要な詩人に数えられる。これは、何よりも、マラルメが言語についての思索を徹底的に突き

詰め、その理論によって、言語・詩についての既成の観念を覆して見せたからであるといわれる。マラルメの詩は難解をもって知られるが、それはまさに実験であった。さらに彼は戯曲の執筆や『最新流行』と題するモード雑誌の発行も手がけるなど、独自の世界の中で実現した詩における革命の成果を外界に及ぼそうとしていたのである。

＊41　ブルデューによる「世論調査」に対する分析と批判については「世論調査、学者なき「科学」」石崎晴己訳『構造と実践』藤原書店、一九九一年、二九一～三〇一ページ所収、「世論なんてない」田原音和監訳『社会学の社会学』藤原書店、一九九一年、二八七～三〇二ページ所収等参照。

＊42　これは、特にブルデューの術語ではないが、労働や職業についてのブルデューの議論、あるいは芸術や学問研究などの広い意味での文化的生産に関わるブルデューの議論（さらにはブルデュー自身の「社会学者の職《メチエ》」についての考え方、学問方法論、あるいは研究者としての一種の職業倫理論あるいは公共的な責任についての議論）において頻出する。この語は、ある人が収入なり社会的な評価なりをえるために具体的にどのような仕事をしているかという意味での職を意味する。それらは、いわば長期の実地の訓練によって「身に付ける」べきものであり、それゆえ「身に付いた」ものとしてのメチエは、その人自身のいわば社会的アイデンティティーに関わるものであり、自律的な職業倫理等のまさに基盤となるべきものであるといった意味あいを持つ。したがってここでの「職《メチエ》」の原則と価値という表現には、英米圏での「プロフェッション」という言葉の用法にある意味では近い、公的社会的に責任を負う高度な職業倫理という意味が込められている。

＊43　前出＊41参照。

＊44　Grandes écoles（高等専門学校）とは、主としてそれぞれの専門的な教育に特化した、大学とは別の高等教育機関。フランスでは、大学が、バカロレアを保有していれば、誰でも入学できるという建前であるのに対して、グランゼコルには、厳しい競争試験がある。グランゼコルは、従来フランスのエリート主義的教育体制の象徴的な存在として考えられていたが、現在では例えば著名な国立行政学院（ＥＮＡ）は、ある意味では国家公務員の研修施設として位置づけうる。あるいは、高等師範学校（ＥＮＳ）は、教授資格試験受験のための予備校的な位置づけを残し、学生が他の大学生に比べて奨学金等の面で例外的に優遇されているという点を除けば、研究者養成のための機関として、学位あるいは教育面では、大学中心のシステムに統合されつつあると言うことができる。したがって、フランスの高等教育体制の諸問題は、資源配分その他の不平等という問題はあるにしろ、単純にグランゼコルを維持するか、廃止するかという問題ではない。詳しくは、ブルデューの呼びかけによって作られたＡＲＥＳＥＲ（Association de réflexion sur les enseignements supéruers et la recherches——高等教育および学術研究に関する研究会）によるフランスの大学問題の共同研究を参照。ARESER, *Quelques diagnostics et remèdes urgents pour une université en péril, Paris : Les Éditions Liber-Raison d'agir,* 1997. 抄訳として中村征樹訳「危機にある大学のための診断と緊急措置」『現代思想』一九九九年六月号。

＊45　テルシテスはホメロス『イリアス』の作中人物。素性卑しく、アガメムノン、アキレウスをののしったが、結局アキレウスに殺された。「テルシテス的見方」とは「三流批評家的見方」というほどの意味。

＊46　caucus　候補者指名代表者選出のための政党の党員集会を意味する英単語。

参照文献

Accardo, Alain, G. Abou, G. Balastre, et D. Marine, *Journalistes au quotidien, Outils pour une socioanalyse des pratiques journalistiques*, Bordeaux, Le Mascaret, 1995.

Accardo, Alain, "Le destin scolaire", in P. Bourdieu, *La Misère du monde*, Paris, Éditions du Seuil, 1993, p. 719- 735.〔邦訳藤原書店近刊〕

Bourdieu, Pierre, "L'Emprise du journalisme", *Actes de la recherches en sciences sociales*, 101-102, mars 1994, p. 3-9.

—— (avec Wacquant, Loïc), *Réponses*, Paris, Éditions du Seuil, 1992.〔藤原書店近刊〕

Champagne, Patrick, "La construction médiatique des 'malaises sociaux' ", *Actes de la recherches en sciences sociales*, 90, décembre 1991, p. 64-75.

—— "La vision médiatique", in *La Misère du monde, op. cit.*, p. 61-79.〔邦訳藤原書店近刊〕

—— "La loi des grands nombres. Mesure de l'audience et représentation politique du public", *Actes de la recherches en sciences sociales,* 101-102, mars 1994, p. 10-22.

Deleuze, Gilles, *A propos des nouveaux philosophes et d'un problème plus général,* Paris, Éditions de Minuit, 1978.

Godard, Jean-Luc, *Godard par Godard. Des années Mao aux années 80*, Paris, Flammarion, 1991.

Lenoir, Rémi, "La parole est aux juges. Crise de la magistrature et champ journalistique", *Actes de la recherches en sciences sociales*, 101-102, mars 1994, p. 77-84.

Sapiro, Gisèle, "La raison littéraire. Le champs littéraire français sous l'Occupation (1940-1944)", *Actes de la recherches en sciences sociales*, 111-112, 1996, p. 3-35.

—— "Salut littéraire et littérature du salut. Deux trajectoires de romanciers catholiques : François Mauriac et Henry Bordeaux", *Actes de la recherches en sciences sociales*, 111-112, 1996, p. 36-58.

訳者解説

テレビ批判から、メディアの批判的再生へ

——文化生産者・ジャーナリスト・市民の協力を目指して——

はじめに

本書は、ピエール・ブルデュー（Pierre Bourdieu）の著作、*Sur la télévision*, Paris : LIBER éditions, 1996（原題『テレヴィジョンについて』）の翻訳である。ブルデューは、フランスのみにとどまらず、現代世界において、最も代表的な社会学者であり、社会学的な分析にもとづき、批判的社会的な活動を積極的かつ国際的に展開している。ブルデューの著作は難解との評判が高いが、本書は、ブルデューがテレビを中心とするメディアの現状を分析するとともに、その批判的な分析をなるべく理解しやすいあり方で展開しようとしたものである。最先端の学問研究の成果を可能な限り広範な人々が手にしうるものとするという理念、実践的な狙いにもとづき、廉価（三〇フラン・約六〇〇円）な赤い小冊子というスタイルで刊行された。その狙いは、か

なりの程度果たされているのではないかと考えられる。フランスでは本書の刊行は、支持と反発を含めて大きな反響を呼び、議論を引き起こし、販売部数も一五万部に達し、現在各国語に翻訳出版されている。

本書は、フランスにおいて、前述のように「最先端の学問研究の成果を政治を考え行動するために役立てる」ことを目指す叢書『レゾン・ダジール』(raisons d'agir)の第一冊として刊行された(日本語で本書と同時刊行される『市場独裁主義批判』も同様に叢書の一冊である)。日本においても今回、同様の趣旨の叢書が〈社会批判〉として企画され、本書がその第一冊としてブルデュー自身の発刊の言葉を添えて刊行されるのは画期的なことであろう。「レゾン・ダジール」とは行動の理、すなわち理念、合理性を持った行動を目指すことを含意する。つまり叢書『レゾン・ダジール』は、人々の政治的社会的な行動、社会的な諸運動に学問的知識を提供することによって、一方では、行動・運動自身が自らを合理的な基礎を備えたものとして理解し、それを自ら表現することによって発展していくこと、他方では研究や文化的生産に携わる者が自らの作業の成果を行動に結び付けていくこと、その双方を可能にする枠組みとして構想されている。批判的な知・文化と行動の新たな結びつき、そしてそれによって可能になる新たな意味での人々の民主主義的な政治参加・新たな政治が目指されているのである[1]。

「メディア批判」という表題は、本書の扱う内容が、狭い意味でのテレビにとどまらず、広い意味でのメディアとジャーナリズム、さらには文化と政治の関わりにまで及んでいることを考慮して選ばれた。しかし、テレビに最も尖鋭に現われる問題が、いかにジャーナリズムのあらゆる領域に浸透していくのかということが、本書の分析の中心であることは言うまでもない。それゆえ、本書においては、メディア・ジャーナリズム一般、あるいはテレビ以外のメディアについて分析がなされている時も、ある意味では常にテレビあるいは「テレビ的なもの」が分析の焦点になっているということができる。

また、日本語版では、著者の指示により、本書英語版のために書かれた後記、および、オリンピックを扱った短いテクストを同時に収録している。特に、オリンピックについての分析は、スポーツ・イヴェントと、歌や旗等のシンボルを用いたナショナリズムの押し付けとメディアの扱い、とりわけテレビ中継の意味を扱ったもので、オリンピックやワールドカップといった、私たちの「眼前」で展開されんとしている現実そのものに対する興味深い批判的分析となっている。

日本においては、ブルデューの著作がその重要性を十分に理解され、理論的あるいは実践的に存分に活用されているとは、未だに必ずしも言い難い。本書を手にすることによって、可能な限り広範な人々が、メディアに関わる問題について深く考える手がかりを得るとともに、ブルデューの社会学的な諸著作に親しむきっかけを得、さらには、現代のフランスやヨーロッパにおける、批判的かつ創造的な知性と、世界の人々と連帯し、よりよい社会を目指そうとする実践の息吹に触れ、興味関心を抱く人が多くなっていくことを期待したい(2)。そのために、以下に、本書をより良く理解するための情報（とりわけフランスのメディア状況と知的文化的状況）、そして学問的な意味での本書の分析の特徴と背景となる考え方、あるいは思想的なインプリケーション、さらには日本の状況と関わって、本書が示唆する、メディアの現状を変えることを目指す具体的な取り組みの可能性等について、簡単に解説を加えたい。

1　フランスのメディア状況・知的状況とその中での本書の反響

本書は、もちろんフランスのテレビとジャーナリズムを分析対象としている。しかし、そこで生じる様々な問題はフランスに特殊な事情によって説明されるのではなくて、分析は、あくまでテレビやジャーナリズムに関わる現象に関する普遍的な知見を得るために行なわれている。それゆえ、ある意味では、本書の分析は、フランスの事情についての特別な知識がなくても理解することは可能である。しかし、ある種の普遍的な法則性が具体的な状況と結びつく時にどのような現象を生じさせるのかについての説明、あるいは一見すると特異な事態を一般的な分析概念と方法によって、いかに理解するのかといったブルデュー的な分析の「手際」を十分に味わうために、つまり、分析を単なる結論の羅列として受け取るのではなく、分析するという知的な作業の一つの実例として読み、我々自身がその方法を自家薬籠中のものとして活用していくためには、当の分析の対象となった客観的な諸事象についてある程度知る必要がある。

フランスのメディア事情・テレビとラジオ

フランスのメディアにおいては、特にテレビ放送に関して国家の役割が伝統的に極めて大きかった。(3) 一九七四年にＯＲＴＦ（Office de Radiodiffusion-Télévision française：フランス・ラジオ—テレビ局）が、ＴＦ１《テーエフ・アン》（Télévision française1）、Antenne ２《アンテンヌ・ドゥ》、ＦＲ３《エフエール・トロワ》（France régions 3）、Radio-France（ラジオ・フランス）、ＴＤＦ（Télédiffusion de France：フランス放送送信公社）、la SFP（société française de production：フランス製作会社）、l'INA（Institut national de l'audiovisuel：国立視聴覚研究所）の七部門へ分割された。しかし、社会党のミッテラン大統領の下で、オーディオ・ヴィジュアルの自由と国家独占の廃止が宣言される一九八二年まで、テレビとラジオの分野での国家独占は続いていた（ただし、送信はその後もＴＤＦが全て行なっている）。その後、いくつかの民間テレビ局の開設の試みがあり、一九八六年にＴＦ１の民営化が決定され、ブイッグによる株式の取得、受信料配分の廃止などの民間放送への移行の手続きが行なわれた。現在では、アンテンヌ２とＦＲ３をフランス・テレヴィジョン（France Télévision）が統括し、それぞれのチャンネルはフランス2《ドゥ》、フランス3《トロワ》と改称されている。また独仏共同制作の文化放送局のArte《アルテ》（夕方以降第五チャンネルで放送。ドイツではケーブルテレビで配信されている）の他に、アルテの放送開始時間以前の昼間の時間帯を使って、教育放送のLa Cinqième《ラ・サンキエム》が一九九四年より開始された。

したがって、現在フランスでは、地上波テレビ放送は、六チャンネルあり、TF1とM6、一部の番組を除いて、受信のために有料の信号変換機を使用する必要のあるCanal+《カナル・プリュス》の三局が民間企業によるものであり、国営放送が、フランス2、フランス3とアルテ、サンキエムと言うことになる。この中で、視聴率競争という面では、TF1が圧倒的な地歩を占めている。フランス2、フランス3は、視聴率、広告収入等では、TF1に大きく水を開けられている（国家独占時代も、TF1は一九六八年から、アンテンヌ2は一九七一年から広告を取っている。サンキエムとアルテには現在も広告はない）。一九九三年の各局の視聴率は、**表1**のようになっている。

各局ごとの特徴を簡単に述べると、TF1は娯楽中心、フランス2・フランス3は、公共サーヴィスとしてTF1よりは、ドキュメンタリー・ルポルタージュ等に力を入れているが、内容面や企画等でTF1的な方向に引きず

表1

TF1	フランス2	フランス3	カナル・プリュス	アルテ	M6	その他
38.2 %	26.1%	16.6%	4.7%	1.0%	10.7%	8.5%

られ、あるいは模倣・追随する傾向もある。また、フランス3は、もともと地方テレビ局を担当していた伝統から、地方ニュースの時間を取っていることや、地方番組を定期的に放映するなどしているが、同じ国営放送の中で、特徴を出すことが難しい面もある。カナル・プリュスは、スポーツ中継と映画放送で固定の視聴者を持っている。M6は、安上がりの制作費で通俗的（というか低俗な）番組を提供している。アルテは、本文中にも出てきたように、極めて野心的なプログラムを提供しているが、視聴するのは一部のインテリだけに限られるといってよい。（教養のない、労働者家庭などでは、チャンネルをまわすのは、TF1とM6だけなどということもある。ブルデューの言う「全ての人に語りかける可能性」が現実化するためには、単なる娯楽ではなくて、テレビによって「情報を得ること」に人々が関心を持つことが可能になることが条件となるのである。）

その他、テレビを巡る問題として、映画の配給など他の文化領域にも当てはまることであるが、コタ（割り当て制）の問題がある。フランスでは、アメリカの文化産業に対抗するため、文化政策的に一定以上の番組はフランスあるいはヨーロッパ諸国で制作されたものでなければならないとしているが、実際には、制作費の安いスタジオ収録番組でその割り当てを満たし、映画やテレビドラマは、アメリカの作品を放映するということもある。また、フランスのテレビでは、文化番組、政治番組から、日常的な生活分野の情報を扱った番組まで、視聴者や専門家が参加しての討論やインタヴューがあり、ある意味では「さすが討論の国」という印象も与える。しかしこれらの番組は、制作費が安く、内容的に浅くとも視聴者を「参加」させることや司会者の人気によって、容易に視聴率が稼げるがゆえに、討論番組というよりむしろトークショウとして安易に作られている面も強い。

ケーブルテレビや衛星放送のサーヴィスも始まっているが、これらの普及はまだまだこれからである。また、フランスのメディアの中では、ラジオ放送は現在もかなり重要な位置を占めている（フランス人の八〇％が日常的にラジオを聞いている）。とりわけ、一九八二年の（小規模非営利の）バンドFM局の認可は、FM放送の大発展に繋がった。それまでの国営ラジオ局（フランス・アンテール、フランス・キュルチュール他）と民営の大ラジオ局（RTL《エルテーエル》、ユーロップ1《アン》、RMC《エルエムセー》等「ペリフェリック」と総称される）に加えて、八〇年代を通じて、音楽その他様々な分野や、若者、特定の宗教の関係者や、出身国ごとの移民向けの放送など、非営利の小ラジオ局と、新しい商業ラジオ局が多数誕生した。ヨーロッパ諸国の中でも、とりわけ発展しているこのラジオ放送の多様性を守るために、商業放送と非商業放送、ローカル放送と全国放送等のカテゴリー分けと、カテゴリーごとの様々な規制が行なわれている。

フランスのメディア事情・活字メディア

活字メディア《プレス》をめぐる状況は、言うまでもなく最も複雑である。また、活字メディアは、テレビ、さらにはニューメディアの発展によって、最も困難な状況におかれているメディアである。フランスで発行されている定期刊行物は、大まかにいくつかのカテゴリーに分けられる。一般的な情報あるいは政治的報道を行なう新聞や雑誌（journal）、様々な（特定の）読者を対象に様々な（特定の）情報を提供する雑誌（magazine）、学術、文化等に関連する専門雑誌（revue）等である。このうち、報道紙誌に対しては、報道の多元性を維持するために、直接間接の公的助成が存在し、また学術・文化雑誌については、多くの場合刊行そのものが公的助成によって支えられているということができる。

報道紙誌、特に日刊紙については、パリを中心とする全国紙と地方紙では性格が異なる。フランスの新聞は宅配制度がほとんど発達しておらず、店頭あるいは街頭売りか、郵送による定期購読が中心であり、例えば日本の全国紙に相当するような大発行部数で全国各地に行き渡る新聞は存在しない。特に全国紙は、先に述べた報道の多元性の維持の理念にもかかわらず、一九世紀や両大戦間期以来の伝統ある新聞の中で、この数十年間で存在そのものが消滅してしまったものが多数ある。一八八〇年に六〇種類、一九一四年に八〇種類を数え、第二次大戦中に消滅しあるいはナチスとの「協力」のため戦後消滅した新聞もあるが、同時にレジスタンスの中で創刊されあるいは解放後に創刊された新聞等で、一九四六年には二八種類が存在したが、現在あるのはわずか一一紙である。

一九九三年の数字で全国紙の平均的な発行部数は、『ル・フィガロ』(*Le Figaro*)が四〇万部、『ル・モンド』(*Le Monde*)が三六万部、『リベラシオン』(*Libération*)が一七万部、以上三紙が政治報道や国際ニュースさらには、文化関係の報道等にも力を入れる、オピニオン紙・高級紙ということができる。『ル・パリジアン』(*Le Parisien*)四一万部、『フランス・ソワール』(*France Soir*)二二万部が、高級紙三紙に続くが、これらは生活情報や「有名人」に関するゴシップやインタヴューなどがますます誌面の中心を占めるようになっている面もある。(4) 『エコー』(*Les Échos*)一二万部は、経済紙。『エキップ』(*L'Équipe*)三三万部は、スポーツ紙である。さらにカトリック教会を背景とした『ラ・クロワ』(*La Croix*)が一〇万部、共産党の『ユマニテ』(*L'Humanité*)が六万部を発行しており、これが全国紙の全てである。(ちなみにこの中で、直接の公的助成を受けているのは、商業主義的路線を取りにくい『ラ・クロワ』と『ユマニテ』であるのは面白い点である。)一般紙が高級紙に比べて部数が多いわけでないことが興味深いし、またフランスには、イギリスやドイツにあるような低俗な報道をことさらに追求するタブロイド紙にあたるものが存在しないことも特徴的である。

外国人(特に外国からフランスに関心を持つインテリ――これらの人々にとってはフランスとは、文学であり、哲学であり、著名文化人であり、パリである)から見ると、フランスのパリ中心主義あるいはパリ志向が目に付きやすいが、それがフランス社会全体を覆っているわけではない。新聞については、様々な地方紙がかなり大きな比重を占めている。九三年のデータで、一〇万部以上発行部数のある地方紙が一七紙あり、紙数においても部数においても総数では全国紙の合計をはるかに上回る。地方紙の合計はグループ紙をどう数えるかによって若干変るが約三四紙・五一〇万部である。ただし、特定の地方を取ると、そこではその地方を拠点とする新聞がほぼ独占的な地位を占めていることが多く、全国紙の間でのような競争、あるいは全国紙との競争はあまりない。また、報道内容は、地方に重点を置いた一般報道と、さらに細分化された地域ごとの版などによる生活情報や雑記事が中心で、国際ニュースなどはあまり多くはない。

フランスは、政治、経済、文化あらゆる領域にわたって資源と権力をパリに集中して発展してきた。しかし、各地方は、名望家層から一般の大衆まで一定独自の世界を保ってきた。ここに、パリのエリートたちのある種の自己閉鎖性とパリ以外の人々のパリ中心主義に対する反発、いわば両者の間の溝の存在という問題がある。例えば一九九五年のストライキの際に、地方都市で行われた政府に反対するデモは、一つの都市で数万、数十万を数えたものもあり、通常「左翼」に投票する人々の範囲をも越えた動員が起きていたのである。フランスの政治、経済、社会、文化に関わる諸問題を考えるとき、パリと地方の関係は、見落とされ易いことであるが、十分に考慮に入れる必要がある。

メディア状況と知的な界

活字メディアを考えるとき、日刊の新聞以外にも目を向ける必要がある。その中で世論形成力や文化生産に与える影響の大きいものは、いくつかの報道紙、知的雑誌、総合誌等である。これらに、前述の高級日刊紙を加えたものが、いわばパリを中心とするフランスの知的な界(知識人界)(5)を形作る主要なメディアであるということができる。

まず、このパリを中心とするフランスの知的な界、そしてそれを形成する知的メディアの界の中で例外的な存在である、いくつかの特徴あるメディアに触れる。週刊の『カナール・アンシェネ』(*Le Canard enchaîné*)は、一九一五年に創刊され、独立を掲げて広告を一切取らず、政治的権威の諷刺と汚職などの批判あるいはスクープ報道(ジスカール＝デスタン大統領が中央アフリカの独裁者ボカサ皇帝からダイヤモンドを贈られた問題についての追及が著名)を行なってきた。平和主義、反軍国主義に徹し、左翼的な中間層の支持を受けてきたが、第二次大戦中の停刊や共産党との接近あるいは対立など、現実政治の荒波の中に常にいた(販売部数の最高記録は、一九八一年のミッテランの当選時の一〇〇万部)が、現在も四〇万部程度の発行部数を維持しなお健在である。一九五四年に創刊された月刊の『ル・モンド・ディプロマティック』(*Le Monde diplomatique*)は、当初『ル・モンド』の子会社として発足したが、現在では社員持ち株会と読者会の所有する株式が多数を占め、独立のメディアとしての基盤を確立している。帝国主義と植民地主義を徹底的に批判し、研究者や専門的なジャーナリストなどフランスおよび世界各地の寄稿者による国際関係や国際政治あるいは経済、第三世界諸国の状況などについての信頼性の高い情報と突っ込んだ分析・論評を掲載し、情報の質という点で極めて高い評判を確立している。発行部数は、二九万部でそのうち三割はフランス国外からの購読である。近年は、フランス国内あるいはヨーロッパの社会状況や社会運動に関連する論考にも力を入れ、新自由主義、アメリカ的な「グローバリゼーション」と軍事的新世界秩序の押し付けに対する抵抗、あるいは支配的なメディア・言論状況への対抗のための、一つの重要な知的フォーラムとなっている。(6)

知的な界と権力の界そしてその変動

メディアの軌跡が、ある意味で知的な界の変動そのものを表現している例として興味深いのは、なんといっても『リベラシオン』の場合である。『リベラシオン』は、一九七三年に「人民の闘争のメディア」を目指し発足したが、経営的な安定を保つことは困難だった。その中で編集部で主導権を握るようになったマオイスト(毛沢東を信奉すると称する政治グループ)出身のセルジュ・ジュリ（現会長）は、完全な商業紙化の方向を打ち出し、創立メンバーほとんどの抵抗を押し切って路線を転換する。そして重要なことは、この『リベラシオン』の商業紙への路線転換は、同時に七〇年代後半から八〇年代前半にかけてのフランスの左翼政治の大転換過程の中に位置づいており、しかも『リベラシオン』そのものが、この過程の中でまさにメディアとして、しかも六八年五月革命を受けて形成されてきたメディアとして重要な役割を果たしたということである。

この過程をここで詳述することはできないが、狭い意味での政治的左翼の範囲を越えたフランスの国家エリートの中で、この時期、社会国家・福祉国家の立場に立って、国家の公的役割あるいは経済活動への政治領域からの介入を重視する立場から、国家の公的役割を解体する方向へ、ヘゲモニーの交代あるいは転向があった（新自由主義への転換としての一種の新保守主義革命である）。しかも、この過程は、六八年五月革命の中で政治的に登場してきた世代が、一方ではその世代の中でラディカルな立場を維持しようとするものを排除し、他方では新たな世代としていわば六八年をある意味での旗印としつつ、左翼の中でのヘゲモニーを獲得する過程であり、なおかつそれが左翼政権の成立とその路線転換の中で行なわれたのであった(7)。

また、左翼政権の路線転換を予示するものとして、六八年以後自主管理社会主義を掲げラディカルな運動を展開していたＣＦＤＴ（フランス民主労働同盟）の七〇年代後半の現実路線への転換があった。現在の「左派連立」政権の中心を担う社会党の指導的政治家たちと強い繋がりを持つ、ジャーナリスト、知識人たちは、多くはこのCFDTの路線転換に関わっている人々である。そして彼らと親しい社会党の政治家が一つの潮流（長くミッテランと対立していた中道志向のロカール・ドロール派）を形成している。

例えば、ジャック・ジュリアール（本文の訳注＊14参照。アルジェリア戦争当時のキリスト教学生運動のリーダーで、教員組合からCFDTの執行委員を長く務めた）、アラン・トゥーレーヌ（五月革命当時のパリ大学ナンテール校教授を経て、社会科学高等研究学院教授を停年まで務めた「新しい社会運動」論の社会学者）とミシェル・ヴィヴィオルカ（トゥーレーヌの後を継いで、現在社会科学高等研究学院社会学教授）等その弟子たち、ピエール・ロザンヴァロン（六八年世代、雑誌『今日のCFDT』創刊者、現在社会科学高等研究学院社会学・歴史学教授、サン・シモン財団事務局長）、ジャック・ドロール（CFDT出身の社会党の政治家、元EC委員長、現ジョスパン政権の雇用・連帯相マルティンヌ・オブリーはその娘）、ミシェル・ロカール（ミッテラン大統領の下、一九八八〜九一年首相）らである。そして、従来から左翼系と考えられてきた国際的にも著名なフランスの活字メディア、『リベラシオン』（日刊）、『ヌーヴェル・オプセルヴァトゥール』（週刊）、『エスプリ』（一九三二年創刊の月刊の総合雑誌）は、実は、全てこれらの人々が編集に携わっているか、あるいは定期的な寄稿者として大

きな影響力を持っている。(8)

事情はかなり複雑であるが、ここには、フランスにおいて現在左翼を自称する人々がどのような社会的背景を持っており、また現在の支配的な秩序の中でどのような位置を占めているのか(簡単に言ってしまえば、六八年の急進派世代のある部分は、古典的なマルクス主義・社会主義に対する反対、象徴的なシンボルやメディアを政治的な組織化に動員することへの習熟等、その後の時代状況の中で、体制擁護的な知識人として活躍するにふさわしいイデオロギーとハビトゥスを備えていたということができる)(9)という問題と、より一般的な支配エリート層全体に関わる問題が重なり合っている。

パリに集中する支配エリート層は、経済界、官界、政界、学界、メディアあるいは左派と右派の間の政治的な区別等によって、表面的には異なる立場であったとしても、エリート主義的教育システムを媒介とする再生産の在り方の面でも、公式、非公式の人間関係のネットワークの面でも、極めて閉鎖的な集団を形成している。そのため、社会の他の領域の問題を把握することができず、社会の他の領域の人々の要求を理解できず、あるいは関心も持たなくなってしまっている。(さらに政治界やジャーナリズム界などの自己閉塞の論理、あるいは支配的な地位が与える様々な特権と結びついた自己利益の追求とそれを保守・独占しようとする論理が、この事態を維持強化し、さらにはそれを正当化・正統化あるいは自明視する考え方・観念が作り出される。）これは、一方では統治そのものの危機といった事態に繋がるし、他方では、非エリートの民衆の間にもエリート層に対する信頼の喪失、反発や政治的無力感の蔓延といった事態を引き起こす。[10] これに対して、既成の体制に対抗的な諸運動は、一方では、支配層出身者の中からも意識的な人々の参加を促し、他方では被支配層の中から指導者を形成し、両者を結び付けようとするものだが、そうして形成された対抗エリートの道が問われる。これらの対抗エリートが結局は体制と同化してしまえば、状況は変らないことになる（ただし、現在のフランスにおいては、六八年世代の体制への同化は、ある程度強力な二大政治勢力が対等に対峙し、しかも両者の間での政権交代が極めてスムーズに行なわれることを可能にしていることも確かである。実際、現在のジョスパン政権は、一方では社会運動を押え込み新自由主義的政策を続けようとしているが、他方では、政権の正統性の基盤を少なくとも部分的には社会運動から調達しており、その要求を取り込まざるをえない面もあるのである）。

ブルデューの位置と本書に対する反響

ここまで直接的なメディアの問題を越えた問題に若干触れたが、今日のフランスの知的な界における、ブルデューのある意味で特異な位置を理解するためには、実は、以上のような構造を視野に入れる必要がある。ブルデューの社会学は、先ずもって、以上のような構造を明るみに出す。さらに、批判的知識人の伝統は終った、これからはメディアや政権政党・行政と協力する「新しい知識人」の時代であるという人々がいる一方で、ブルデューは、批判的知識人の伝統を擁護し、それを新たなものとして再定義しようとしている。支配的なイデオロギーをメディアで宣伝し、また自分たちの著作をプロモーションする人々がいるが、ブルデューは社会科学に立脚した批判の普及を目指している。現実主義、理想の放棄を説く人々がいるが、ブルデューは現実の諸問題と関わる、研究者や文学者・芸術家など文化生産者・表現者の政治社会参加、社会的な諸運動との結びつきを訴えている。そして、その主張が、現実に人々の支持を受け、一定の力を持っているのである。メディアにおいて、ほとんど定期的に登場する観さえある、反ブルデュー・キャンペーン(11)、あるいは「ウルトラ左翼」というレッテル張りやブルデューの立場を特定の政治勢力と同一視するといった攻撃は、逆説的だがその例証となっている。

2 メディア論としての本書の意義とその可能性

メディア研究としての本書の特質

これまで示してきたデータと分析は、確かに狭い意味でのメディアの範囲を越えているが、逆にそのことが本書の分析の方法とその成果の射程が、通常の意味でのメディア研究の枠を越えていることを示している。界の概念を中心とした分析によって、メディアが、政治、民主主義の在り方、文化そして学問の在り方、さらにはより広範な人々の社会的生活との関わりで、どのような意味があるのかを明らかにしているのである。さらには、メディアの在り方、そしてメディアと他の様々な社会的領域の関係がいかにあるべきかをも具体的に示唆している。

さらに具体的に本書の特質を挙げるならば、まず第一に、ある意味で、ジャーナリストの目線のレベルから分析を出発させているという点がある。これは、何より界の概念による分析の強みである。ジャーナリストたちが置かれている状況そのものを十分に理解すること、これは批判的であると同時に実践的でもある認識の条件である。つまり、何をなしうるのか、そしてなすべき事が現実には出来ていないとすれば、それはなぜなのかを明らかにしようとするのである。

また、ジャーナリズム界という概念を軸に行なわれる本書の分析は、いわゆる受け手・オーディエンスの問題を閑却しているわけではない。そして、本文中でも引用されているように、ブルデューのオーディエンスについての考察は、『遺産相続者たち』『再生産』等の教育社会学研究から『ディスタンクシオン』に至る研究を前提としたものである。社会的な出身階層や教育あるいは職業、さらには社会的職業的カテゴリーそのものの社会的なヒエラルキーの中での位置（相対的に上昇しつつあるカテゴリーか下降しつつあるカテゴリーか等）、家族や個人の軌道とそれに規定される戦略等において様々に多様であり、互いに対立・闘争しあう存在として、受け手も送り手も分析される。そして、とりわけ、知覚カテゴリーの形成やメディアの作り出す表象の現実効果を分析の焦点にすえることにより、メディアの分析を媒介にして、送り手と受け手の双方を含み込んだ象徴秩序の維持再生産とその変動の分析が可能になるのである。メディアと政治、あるいはメディアと文化一般の関係は、この枠組みの中で考察されている。

このような研究の在り方は、これまでのメディア研究の在り方に重要な問題提起となっている。従来の機能主義的な社会心理学的研究は、メディア・コンテンツを生産する界における様々な対立や競争とその効果も、オーディエンスの位置と多様性も、十分に考慮することが出来ていなかったのではないかと考えられる。ましてや、他の社会領域とメディアの関係については、機能主義的な図式のアプリオリかつ抽象的な展開以上のものをもたらしていないのではないか。

これに対して、カルチュラル・スタディーズにおけるメディア研究は、ブルデュー的な視点とかなり近い（実際、本文では、カルチュラル・スタディーズの系譜で理解されるレイモンド・ウイリアムズが引用されている）。しかし、カルチュラル・スタディーズがメディアの研究に導入しようとしている社会（学）的視点は、ブルデュー的な視点からすれば、ジェンダーやエスニシティといった変数を導入していたとしても、カテゴリーそのものの社会的かつ象徴的な構築の過程が分析されていないという点で、古典的なマルクス主義の階級論に留まっているとも思われる。他方では、メディアの領域と他の社会領域を関連付けて研究する姿勢が必ずしも十分ではないのではないかとも感じられる。これは、表相的には、アカデミズムのディシプリンなり出版産業の商品区分が、カルチュラル・スタディーズに与える囲い込みの効果であろうが、より根本的には、文化観に関わっている。ブルデューは、本文中にあるように自律的な界の存在によって可能になる高度な文化の普遍的な価値を擁護し、その普及を目指すとともに、その生産の条件を守ることを訴える。ある意味での「階級的な」視点による分析、「階級的な」闘争の擁護は、あくまで普遍性を目指すものとして位置づいているのである。(12)

何が可能なのか――フランスの場合と日本の状況

メディアの状況を変えるために何が可能なのか。まずフランスの例に触れる。先ずは、最初に述べた「レゾン・ダジール」の試みがある。注（8）で言及している『フランス知識人の一二月』『新・番犬たち』はともに、叢書『レゾン・ダジール』から発行されている。さらに、極めて注目すべき試みとして、Acrimed《アクリメッド》（Actions critiques des médias――メディア批判の行動）の活動がある。九五年のストライキをめぐる状況の中で、メディアで語られる言説が、本文でもブルデューが触れているように、支配秩序を一方的に押し付けるものとなっており、社会運動の現実の要求を伝えることもなく、しばしばその歪められたイメージを伝えさえするといった事態があった。アクリメッドは、それに危機感を覚えた、研究者、労働組合や市民運動の活動家たちが、結集して立ち上げた運動である。メディアの在り方とそこで流される言説を具体的に批判していくこと、市民とりわけ社会運動が、人々に伝えるべき情報をメディアを通じて伝えることを可能にするようメディアに働きかけること、メディアの中で、その職業に携わる人々が雇用関係等で、困難な状況におかれ、批判的な問題提起的な報道を行なうために不可欠なジャーナリストとしての独立を奪われてしまい、歯車の一つのようにさせられてしまっている状況を変えること、これらの問題への取り組みを、市民・研究者とジャーナリストの共同で行なうことを目指している(13)。

以上のように本書の内容とその背景となっているフランスの事情を考えると、ブルデューがフランスのメディア状況を厳しく批判しているとはいえ、日本の現状に比べるとやはりいくつかの面で、より望ましい条件の下にあることは否定できない。フランスにおいても、視聴率計算に従属し、問題提起的なものよりも人々が受入れるであろうと初めから分かっている情報、気を紛らわせる以外、情報としての価値のないものを提供するというテレビ化の論理が、広く浸透している。とはいえ、フランスにおいては、『ル・モンド・ディプロマティック』のような報道の質と威信を兼ね備えたメディアも存在している（これは、同時に社会科学や国際関係、地域研究などの研究者がその研究成果を広く公衆に伝え世論形成に役立てることが可能であるということを意味している）。

また『ル・モンド』と日本の一般紙を比較してみれば、特に国際報道の質と量において雲泥の差がある。『ル・モンド』の外国特派員は、その国・地域に時に数十年にわたって住み、経験と見識を積んで報道を行なっている。これに対して、日本の海外特派員は、勤務期間もはるかに短くとてもその国や地域の専門家とはいえないような人がほとんどである。もちろん、量も全く不足している。日刊紙であれば、最低でもアジア・太平洋地域、南北アメリカ大陸、ヨーロッパ・アフリカの報道にそれぞれ各一面を宛て、さらに特別の枠を取っての報道等があって当然であろう（日本の大新聞は、フランスの高級紙と比べると比較にならないほどの経済的基盤を持っているはずである）[14]。先ずもって、メディアが「鎖国状況」から脱することがなければ、日本は永久に情報面での島国状況から抜け出すことはできないであろう。

また、構造的にはほとんど同じ問題がありながら、その問題についての人々の主観的な捉え方（客観的な社会構造ではないが、人々の頭の中の構造であるといえる）が異なるがゆえに、恐らく現実の効果が異なる問題として、メディアに携わる個々の人々の客観的、主観的な職業的地位の問題がある。給与等で極めて恵まれた条件にある大メディアの正規雇用のジャーナリストと、フリーのライターや下請けのテレビ番組制作者などの間の格差と対立は、フランスにおいても日本においても存在する。(15) しかし、フランスの場合は、ジャーナリストはその職《メチエ》（本文訳注＊42参照）によって一つの社会的集団として認知されうるカテゴリーである。(16) これに対して日本では、記者やディレクター等は、独立のプロダクション等にいるのでない限り、ジャーナリストである以前に、まずは全て大企業の会社員である。職《メチエ》に関わる集団の自律的な規範の存在が、その集団の社会的自律性と密接に関わりを持っていると考えると、日本においてジャーナリストという職《メチエ》の規範を確立し、実効のあるものとするのはより困難を伴うと言えるかもしれない。

あるいは、支配エリート層の閉鎖性という問題は、日本とフランスの間で大いに似通った面のある構造的問題である。しかし、同時に大きな違いもある。問題はその閉鎖的な集団のリアリティが自明視され、社会全体に押し付けられることに対して異議申立てをすることができる回路なり、そこで異議申立てを行なう主体となりうる人々、すなわち、公共性の担い手たる人々がどこに存在するのかという点である。この点について極めて単純化して述べるならば、フランスにおいて、エリート層に対して異議申立てを行なう主体が存在する基盤が一定程度社会的に根を下ろしているのには理由がある。フランス国家は、国家の活動領域を拡大してきた歴史があるがゆえに、国家自らの社会領域への介入によって、市民の間から正統性を調達することができるという意味において、きわめて強い国家でありつづけている。国家に対して異議申し立て、権利要求をしようとするものは、そもそも、国家の形成する空間の中に入ること、その中に位置を持つことに対して利害を持ち、かつそこへアクセスする手がかりを持っている必要がある。国家を牛耳る支配エリート層に異議を申し立てるには、国家に利害を持つ主体である必要がある。しかも、国家の拡大によって国家のエージェントたる人々が増えていけば、そこには多様な人々が関わることが可能になっていく。国家の中に、社会に存在する多様性が取り込まれ、そこにおける対立が反映していくのである。それゆえ、国家の内部において対立・紛争が生じる可能性が増大していくのである。

反対に、国家が軍事的治安的な機構に純化していけばいくほど、国家機構はごく一部の均質かつ極めて保守的・反動的な人々のみによって独占されていくと考えられる（そして人々は国家を自分たちの権利を擁護するための手段・民主主義的に参加すべき場としてではなく、面従腹背的に従属すべき対象であると感じるようになるのである）。それゆえ戦後の日本において公務員や公共企業体の労働組合が批判的勢力の中心を担ってきたことには十分な理由があったし、それが国家の役割の解体とともに破壊されたことが重大な帰結をもたらしたのである。国家の機構は、公共性を支える制度的な基盤としての面を持つ(17)。それが破壊されるとき、空疎なシンボルに人々を動員して行こうとする、ナショナリズム、ポピュリズムが疫病の如く広がり始めるのである。

以上のような議論を踏まえて考えると、何が可能であろうか。まず、より困難であるとはいえ、フランスにおいてのように、研究者、メディア関係者、市民、とりわけ社会運動に関わる人々が協力して、メディアを批判する取り組み、必要な情報を流す取り組み等を開始するべきであろう。[18] その際、特に重視すべきこととして、まず、記者、ジャーナリスト、メディア関係者が、会社・企業の枠を越えて、職業的な自律性を獲得強化し、職業倫理を担う主体として社会的な責任を果たしていく可能性を拡大することである。そしてこれと関連するが、ジャーナリズムを文化的生産の作業として位置づけ直す必要がある。綿密な調査と独自な問題提起によって、人々の物の見方を場合によっては変えることをも目指すべきなのであり、そのためにはこれまでのジャーナリストの世界の経験の中で無意識的に身につけている以上のものが必要になるはずである。そしてそのためには、自律性を目指すジャーナリストと連携して、市民が強力に介入する必要があるだろう。メディア関係者を糾弾するのではなく、それらの人々の自律性のために外部から介入すべきである。まとめていえば、市民の側は、メディアの現状あるいはその報道の在り方を批判する作業をそれ自体、一つの共同の知的作業として行なうことができるし、さらにその作業を研究者と市民の共同の研究の作業といいうるものにまで発展させていくために研究者が参加する事もできるだろう。さらに、あるべきメディアの在り方についての議論を深めつつ、市民の側に立つメディアを育て発展させていく作業を強化していくことも必要だろう。ただし、その時、目指すべきものは、誰でも簡単に情報を発信できるようにするということでは必ずしもない。そうではなくて、現在のメディアの在り方では全く考慮されていない、情報の評価と発信のための基準を共同で作り上げていくことである。そして最後にこれらの作業にメディア関係者自身の参加を求めつつ、他方でそれらの意識的な人々がメディアの内部で力を持つことができるように介入することである。合理的な分析と結びついた合理的な行動を、はるかな夢の実現を目指して行なっていくことは可能なはずである。

本書の翻訳に関して、まず加藤晴久先生（東京大学名誉教授・恵泉女学園大学教授）に感謝の言葉を述べさせていただきたい。これまでも、数々の指導・激励を戴いてきたが、とりわけ今回の翻訳に当たっては、翻訳というメチエについて全面的な手ほどきを受けたと言っても過言ではない。若手研究者に訳させたものに、ぞんざいに目を通して、監訳者を名乗って出版するといった例が未だに珍しくないと聞くが、本書に関しては全く逆である。今回の訳文の一部は先生が細かく添削されたもの、あるいは手本として訳して戴いたものを使っている。
また、何よりも、著者ピエール・ブルデュー教授の指導に対しても感謝の言葉を述べたい。

筆者が本格的にブルデューに興味を持ったのは石崎晴己氏の訳による『構造と実践』を読んで以来だが、一九八九年にブルデューが初来日し、講演を聞き質問をするといった機会に恵まれた。その理論の魅力は、自らの思考を徹底的に突き詰める重厚さと、一見すると極めて些細なもの、何でもない自明のことに見えるものの深い意味を明るみに出す繊細さである。その後パリでは、何度か直接面会し指導を受ける機会を得ているが、その思考と倫理的な基底への共感と同時に、他者への深い気遣い、誠実さ、その人柄の頑固なほどの清廉潔白さ、愚劣なもの、卑劣なもの、あるいは人々を不当に苦しめるものに対して、不快感と怒りを顕わにせざるをえない真正直さが極めて印象深い。理論は常に、極めて人間的なものであるが、真の意味で理論家たろうとするためには、困難にひるまぬ不撓の意志の力を必要とするのだろう。

藤原書店の藤原良雄社長、編集担当の清藤洋氏には、お礼とともに、仕事がなかなかはかどらずご迷惑をおかけしたことをお詫びしたい。また、筆者の家族に対しても、仕事に関連しても、様々に迷惑をかけていることを、この場を借りてわびさせて戴きたい。

本書が、現在の日本と世界の在り方をよりよく変えたいと願う人に一人でも多く読まれ、縦横に活用されることを願っている。

二〇〇〇年六月

櫻本陽一

注

(1) 批判的な知・文化と社会的な諸運動を結びつけようとする、ブルデューの姿勢とそれをささえる考え方については、『市場独裁主義』の諸論考のほかに、筆者によるブルデューに対するインタヴュー「文化・教育・学校の未来と知識人」(『世界』一九九九年四月号)、雑誌『情況』の特集「ブルデュー——参加する社会学」の諸論考、特に石崎晴己氏によるブルデューに対するインタヴュー「『世界の悲惨』から国際的社会運動へ」(『情況』一九九九年一二月号)、ブルデューを中心に多くの研究者や社会運動の指導者たちが参加して準備、起草され、本年二〇〇〇年のメーデー(五月一日)に発表された一つの宣言《マニフェスト》「ヨーロッパ社会運動協議会への呼びかけ」(『情況』二〇〇〇年八・九月号掲載予定)、また拙稿「歴史的形象としての知識人——ピエール・ブルデューの知識人論とそのコンテクスト」(御茶の水書房より発行の『アソシエ』第三号掲載予定)、また、失業者やホームレス、非正規滞在外国人等が参加した九〇年代フランスの現実の諸運動については、稲葉奈々子「社会運動と社会的カテゴリーの形成——九〇年代フランスにおける「持たざる者たち」と「不法占拠」」(『現代思想』二〇〇〇年五月号)等を参照。

(2) 前注(1)参照。

(3) 以下の記述は主要には、*Les média : Cahier français* N°266, Paris : La documentation Française, 1994、Raymond Kuhn, *The Media in France*, London & New York : Rutledge, 1995 等による。また、次の二つの事典を参照している。Jean-François Sirinelli (dir.), *Dictionnaire historique de la vie politique française au XXe siècle*, Paris : Presses universitaires de France, 1995、Jacques Julliard et Michel Winock (dir.), *Dictionnaire des intellectuels français*, Paris : Les Éditions du Seuil, 1996。

(4) この点については本文でも触れられているが、ブラジルでの本書ポルトガル語版の刊行に関連して行なわれたインタヴュー「テレビジョン再論」(『市場独裁主義批判』に収録)でも、「ダイアナ妃事件」を巡る報道(『ル・モンド』がダイアナ妃の事故を大きく取り上げて報道し、それに対する読者からの抗議に対して『ル・モンド』のジャーナリストが自己正当化しようとしたこと)に関連して、ブルデューが詳しく述べている。つまり、全国紙は、一方では、高級紙、大衆紙、さらにはスポーツ紙へと分解していく傾向があり、他方では、高級紙そのものが、テレビが引き起こした界の構造変動によって(広告主や株主などからの圧力を考慮しなくても)絶えず増大する商業主義的な圧力を受けており、変質を強いられようとしているのである。

(5) 「界」の概念については、本文の訳注＊11を参照。

(6) 『ル・モンド・ディプロマティック』については、記事の翻訳紹介等を行なっている同紙公認の日本語版 Web ページがある。http : //www. netlaputa. ne. jp/~kagumi/index. html。

(7) ミッテラン政権は、一九八二年に緊縮財政への転換、フランの防衛への転換等の社会経済政策の重要な転換を行ない、共産党は政権を離脱した。この過程について、特にテレビや『リベラシオン』の役割に注目して行なった社会学的分析にフレデリック・ルバロン「知的復古としての新自由主義革命」（『情況』一九九九年一二月号）がある。

（8）九五年のストライキの際に発表された二つの共同署名アピール（雑誌『エスプリ』の編集部を中心に集められた、政府の社会保障改革案とそれに対する支持を表明したＣＦＤＴ書記長ニコル・ノタを支持する署名とストライキを支持する署名）の間の対立を軸に、両者の知識人のネットワークを分析したものとして、Julien Duval, Christophe Gaubert, Frédéric Lebaron, Dominique Marchetti et Fabienne Pavis, *Le «décembre» des intellectuels Français*, Paris : LIBER- Raisons d'agir éditions, 1998（『フランス知識人の一二月』）がある。また、フランソワ・フュレが会長を務めていたサン・シモン財団は、現在は解散したが、『リベラシオン』、『ヌーヴェル・オプセルヴァトゥール』、『エスプリ』らに関わる知識人やジャーナリストを中心に、さらには、著名なテレビ・キャスター、経済人、左右両派の政治家、官僚などを集めたクラブであった。詳しくは、Vincent Laurent, "Enquête sur la Fondation Saint-Simon : Les architectes du social-libéralisme", in *Le Monde diplomatique*, N° 534, septembre1998 を参照。あるいは著名ジャーナリストなどの発言を中心に、活字メディアやテレビ番組などの分析によって、フランスのメディアで支配的に流通している言説の自己閉塞性とそれが新自由主義のイデオロギーなど体制擁護的な考え方と共犯関係にあるものとなっていることを分析したものとして、Serge Halimi, *Les nouveaux chiens de garde*, Paris : Éditions Raisons d'agir, 1997（『新・番犬たち』）がある。

（9）六八年と現在については、前出のブルデューの『世界』でのインタヴュー、あるいは、日本における六八〜九年と現在の関係を論じた拙稿「学生、知識人、そして大学――過去から未来へ」(『情況』一九九九年四月号）等を参照。

(10) ブルデューは『世界の悲惨』や『国家貴族』（ともに藤原書店近刊）で、まさにこれらの問題に取り組んだわけであり、『市場独裁主義批判』は、情況的発言の収録という形をとってはいるが、これらを総括し、展開したものに他ならないのである。

(11) 本書の刊行直後、『ヌーヴェル・オプセルヴァトゥール』が「知識人とテレビ」という記事を組み、フィンケルクロートによる本書への批判を掲載した（*Le Nouvel Observateur*, N°1685)。また、翌年、ベルナール＝アンリ・レヴィの監修する叢書から「ブルデューのテロリズム」を糾弾する Jeannie Verdès-Leroux, *Le savant et la politique. Sur le terrorisme sociologique de Pierre Bourdieu*, Paris : Les Éditions Grasset, 1998 が刊行され、さらに翌年本書をジャーナリストに対する侮辱・攻撃であるとした上で「反論」するとする、Daniel Schneidermann, *Du journalisme après Bourdieu*, Paris : Librairie Arthème Fayard, 1999 が刊行された。シュナイダーマンの著書については、Pascal Fortin, "Bourdieu, Schneidermann et le journalisme : Analyse d'une contre-critique" (http : //commposite. uquam. ca/2000.1/articles/fortin. htm) がその背景となる経緯を紹介しつつ分析している。

(12) 機能主義的な立場からの概論的な総括として、例えば、Denis McQuail, *Mass Communication Theory : An introduction*, Sage Publication 1983（竹内郁郎他訳）『マス・コミュニケーションの理論』新曜社、一九八五年があり、カルチュラル・スタディーズの理論とそれにもとづいた研究を紹介するものとして、吉見俊哉（編）『メディア・スタディーズ』せりか書房、二〇〇〇年があり、従来からの視点と新しい視点を合わせ、さらにメディアの状況に関わる具体的な知識を与えてくれるテキストとして、例えば、竹内・児島・橋元（編）『メディア・コミュニケーション論』北樹出版、一九九八年がある。

(13) アクリメッドの活動は、Web ページ http://www.samizdat.net/acrimed/presentation.html 等で知ることができるが、この活動は、メディアに関わる運動として、インターネットの問題も積極的に取り上げ、議論や活動を行なっている。インターネットを利用しての運動でもあるとともに、インターネットそのものに関わる運動でもあるという意味でも興味深い。

(14) 日本の大新聞の発行部数は、一九九二年度のデータで、朝刊について『読売』一〇一二万部、『朝日』八三六万部、『毎日』三九七万部、『日経』二九三万部、『中日』系列合計三二六万部である。——春原昭彦・武市英雄（編）『ゼミナール　日本のマスメディア』日本評論社、一九九八年。

(15) 研究者と現場のジャーナリストの協力により、様々なメディアの現場の視点も含めて日本のメディアの状況について具体的な知識を提供し、問題を提起している研究として、研究集団・コミュニケーション'90（編）『マスコミの明日を問う』（「放送」「出版」「新聞」「変貌するマスメディア」の全四冊）大月書店、一九八五年、桂敬一他（編）『21世紀のマスコミ』（「新聞」「放送」「広告」「出版」「マルチメディア時代とマスコミ」の全五冊）大月書店、一九九七年等がある。

(16) フランスでは、ジャーナリストは、特別の学歴や知識が必須として要求されるわけではないが、二年間の研修期間を経た上で、公的機関からジャーナリスト証を交付される、ある意味での職業資格である。ちなみに、ドイツやスイスでは、研修期間中に社会科学の理論的な教養を身につけるためのカリキュラムを受講する必要がある。Jean-Marie Charon, "Journalisme et sciences sociales", in *Politix*, N°36, 1996 参照。

(17) 新自由主義の「小さな国家論」が批判されるべきなのは、根本的にはこのためである。単なる「セーフティ・ネット必要論」では全く不十分である。政治領域の自律性を放棄して、経済競争のマイナス効果を緩和するという従属的な役割のみに、国家の機能を切り縮めてしまうならば、「グローバリゼーション」の押し付けに対して、人民が共同の行動をし、民主主義的な意思決定を行ない、抵抗の枠組みを形成することを可能にする、空間そのものを失ってしまうことになるのである。

(18) 日本においてもすでに、研究者、メディア関係者、市民の共同による取り組みは存在しているが、それは基本的に、報道によるプライバシー等の人権侵害の問題に集中している。(例えば、「《メディアと市民・評議会》を提案する——新聞・雑誌・出版に市民アクセスの仕組みを」『世界』一九九九年一一月号等がある。) それゆえ、報道の内容そのものについてどのようなものに変えていかなければならないのかという議論は、あまりなされていない。

訳者紹介

櫻本 陽一（さくらもと・よういち）

1966年、埼玉県生まれ。1996年、パリ・ソルボンヌ（パリ第４）大学ＤＥＡ（高等研究免状）取得。1999年、東京大学大学院総合文化研究科国際社会科学専攻博士課程単位取得退学。現在、和光大学人間関係学部専任講師。社会学、社会思想史専攻。共著に『大学界改造要綱』（アレゼール日本編、藤原書店、2003年）。論文に「グローバルな社会運動の可能性―P. ブルデュー」（三浦信孝編『来るべき〈民主主義〉』藤原書店、2004年）他がある。

シリーズ〈社会批判〉

メディア批判《ひはん》

2000年7月30日　初版第１刷発行©

2005年1月31日　初版第２刷発行

訳　者　櫻　本　陽　一

発行者　藤　原　良　雄

発行所　株式会社　藤原書店

〒162-0041　東京都新宿区早稲田鶴巻町523

TEL　03（5272）0301

FAX　03（5272）0450

振替　00160-4-17013

印刷・製本　美研プリンティング

落丁本・乱丁本はお取り替えします

定価はカバーに表示してあります

Printed in Japan

ISBN4-89434-188-3